일빵빵 + 스토리가 있는 영어회화 4 – FINAL

일빵빵 +
스토리가 있는 영어회화 4 - FINAL

초판 1쇄 2015년 10월 5일
초판 37쇄 2023년 1월 13일

저 자 | 서장혁
연구제작 | 일빵빵어학연구소 / 서장혁
펴 낸 이 | 일빵빵어학연구소
펴 낸 곳 | 토마토출판사
표 지 | 토마토출판사 편집부
본 문 | 토마토출판사 편집부
주 소 | 서울특별시 마포구 양화로 161 727호
T E L | 1544-5383
홈페이지 | www.tomato4u.com
등 록 | 2012. 1. 11.

* 값은 커버에 표시되어 있음.

4 - FINAL

토마토
출판사

Thanks to...

큰 힘이 되어주신 팟캐스트 방송 청취자분들께
감사드립니다.

첫 장을 펼치며

보통 '영어회화 공부의 마지막 끝이 미드(미국드라마)'라고 합니다. '나는 너를 믿어'라고 말할 때 보통, 'I believe you'라고 하는 분이 있는가 하면 'I trust you'라고 하는 분이 있습니다 그만큼 우리가 배우는 문법적인 문장과, 실제 회화와는 상당한 차이가 있습니다. 미드공부가 그런 온도차를 직접 느낄 수 있고, 재미 있으면서도 실제에 가까운 영어공부지만, 또 막상 혼자 공부하기엔 어려움이 많습니다.

저희 일빵빵 미드영어 책은 혼자서도 공부할 수 있게 구성별 총 4가지를 제공합니다

– 실제 사용하는 영어 문장을 체험할 수 있는 **'대본 해석 공부'**
– **'이것만은 꼭'** 놓치지 말아야 하는 미묘한 **'어휘 표현 공부'**
– 원어민 회화 중 우리가 놓치기 쉬운 **'빈칸 잡아내기'**
– 단어만 넣으면 자유자재로 회화할 수 있는 **'영어 회화 패턴 공부'**

여러분이 알고 있는 영어단어 1/5만 가지고도 어떻게 자유자재로 영어회화가 가능한지 이제부터 한 장 한 장 저희를 믿고 따라오시기 바랍니다.

어떻게 구성되어 있나요?

CONSTRUCTION

1 대본 해석/듣기 공부

4권-FINAL에서는 리스닝을 향상시키기 위해 전 대본에 걸쳐 듣기 영역을 강화하였습니다. 실제 원어민들의 대화 표현을 그대로 느끼면서, 모든 문장의 억양, 뉘앙스, 발음 등을 심도 있게 공부하시게 될 것입니다. 전체 듣기와 구간 반복 듣기를 통해서 보다 더 심도 있는 리스닝에 접근할 수 있는 능력을 향상시키세요.

2 어휘 표현 공부

대본 페이지 밑에 원어민들이 대화에서 사용하는, 평소에는 놓치기 쉬우나 꼭 알아두면 많은 도움이 되는 표현들을 '이것만은 꼭' 코너에 한 강의마다 하나씩 정리해 놓았습니다. 아주 간단하지만, 단순히 사전에 나와 있는 의미만으로는 용도를 알 수 없는 것으로 10여 년 간의 노하우에서 비롯된 보물 같은 어휘정리들이니 반드시 숙지합시다. 회화 어휘 사전의 용도로 사용하세요.

3 리스닝 TIP 공부(빈칸 잡아내기)

실제 원어민들이 회화에서 사용하는 단어는 이미 우리가 알고 있는 단어가 90%가 넘는다고 합니다. 문장을 보면 알기 쉬운데, 왜 리스닝을 할 때는 쉬운 문장도 의미를 파악하지 못하는 걸까요? 그것은 원어민들의 발음 억양과 강약에 따라 우리가 놓치고 있는 부분이 있기 때문입니다. '왕초보 실력 안 들키게 빈칸 잡아내기'에서는 익숙하지 않은 불규칙 동사 과거형, 전치사나 접속사, 단어의 문장 위치에 따른 발음 변화 등에 따른 리스닝의 어려움을 해결해 드립니다.

4 영어 회화 패턴 공부 (그 외의 기타 회화 패턴 50)

외국인들이 일상생활에서, 문법적으로 완전한 문장만을 말하는 것은 아닙니다. 실제 회화에 있어서는 그들만의 관용적 표현이나 일정한 패턴, 버릇이 있습니다. 그 점이 우리가 실제 배운 회화 문장을 사용할 때 상당히 어려움을 겪는 점입니다. 마지막 단계인 **'기초 영어 회화 패턴'**에서는 진도별로 단어만 집어넣어도 쉽고 자연스럽게 말할 수 있는 회화요령을 가르쳐 드립니다.

공부하는 방법

HOW TO STUDY

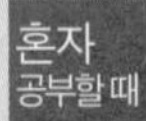

이 책은 소장본처럼 지니고 다니세요

해외에서건, 국내에서건 많은 도움이 됩니다

1 대본과 해설을 동시에 보며,
다양한 표현을 꼭 외우세요.

2 이것만은 꼭! 부분은 항상 정리하고
단어집도 따로 정리하세요.

3 원어민 회화에서 우리가 흔히 놓치기 쉬운
어휘를 잡아내어 리스닝 실력을 키워 보세요.

4 영어 회화 패턴은 반드시 외우시고,
여러 단어를 넣어 보면서 문장을 만들어 보세요.

■ 영어실력이 기초이신 분들은 일단 '발음TIP'과 '영어회화 패턴' 공부에 중점을 두시기 바랍니다. 대본외우기는 시간 날 때마다 하셔도 괜찮습니다.

강의를
들을 때

일빵빵의 모든 강의는 일빵빵 공식 유튜브 채널을 통해 무료로 들을 수 있습니다

유튜브 검색창에 "일빵빵"을 검색해서 강의를 청취하세요.

일빵빵 공식 페이스북 | www.facebook.com/ilbangbang
일빵빵 공식 트위터 | www.twitter.com/ilbangbang
일빵빵 공식 인스타그램 | '일빵빵' 검색
일빵빵 공식 유튜브채널 | '일빵빵' 검색

* 새로 추가된 더 많은 강의 청취를 원하시면 Let's 일빵빵 어플을 통해 청취하실 수 있습니다.

일빵빵
CONTENTS

sorry

If

have + p.p

had better

sure

Is it

It's

Is there

There's

That's

일빵빵

본토 영어회화에
목마른 분들

해마다 공부해도
어색한 분들

답답함을 느끼는
모든 분들께

영어회화공부의 정석
'일빵빵'을 바칩니다

2012년 겨울 서장혁

sorry 패턴

151 ~ 159 강

[Central Perk / Monica enters with some mail.]

Rach : Country club newsletter. [1] My mom ▒▒▒ me ▒ engagement ▒▒▒ for 'inspiration'. Oh my God! Oh my God, it's Barry and Mindy!

Mon : Barry who you almost?

Rach : Barry who I almost.

Mon : [2]And Mindy, your ▒▒ of…?

Rach : Mindy, my maid of. Oh!

Mon : That's Mindy? Wow, she is pretty. [3]Lucky. ▒ have a friend ▒ you. **I'm sorry about** that. Have a great time.

>> 이것만은 꼭

('almost'의 의미는?)

일반적으로는 '거의'라는 의미이지만, 그 속 의미는 '~할 뻔하다'라는 의미로도 사용됩니다.

해설

Rach : (Monica에게서 우편물을 받아보고는) 컨트리 클럽 소식지네. 엄마가 나 충격 받으라고 약혼 소식란을 보냈네. (한창 훑어 보더니) 세상에, Barry하고 Mindy야!

Mon : 너랑 결혼할 뻔했던 Barry?

Rach : 응, 내가 찼던 Barry.

Mon : 그리고 Mindy, 네 들러리였던?

Rach : 응, Mindy. 내 들러리였던.

Mon : (신문을 빼앗아 보면서) 얘가 Mindy야? 굉장히. 운 좋네. 너 같은 친구를 두다니. (Rachel 눈치를 보더니) 아. 미안해. 좋은 시간 보내라고.

* I am **almost** done. : 거의 다 했어.
* I **almost** slept here. : 여기서 잘 뻔했어.
* I **almost** did something wrong. : 나는 잘못할 뻔했어.

■ **왕초보 실력** 안 들키게 **빈칸** 잡아내기

1 My mom **sends** me **the** engagement **notices** for 'inspiration.'

(엄마가 나 충격 받으라고 약혼 소식란을 보냈네.)

2 And Mindy, your **maid** of…?

(그리고 Mindy, 네 들러리였던?)

3 Lucky. **To** have a friend **like** you.

(운 좋네. 너 같은 친구를 두다니.)

☆ 강의를 들으시면 좀 더 확실히 리스닝 연습을 하실 수 있습니다. (강의 다운로드 받는 법 참조)

I am sorry about :

~에 대해 미안해요

1 I am sorry about ~

1. 어질러서 미안해요 ·················· **I'm sorry about** the mess.
2. 오해해서 미안해 ···················· **I'm sorry about** the misunderstanding.
3. 지체해서 미안해요 ·················· **I'm sorry about** the delay.
4. 그때 일은 미안했어 ················· **I'm sorry about** the other day.
5. 너무 촉박하게 알려줘서 미안해요 ···· **I'm sorry about** the short notice.

[Monica and Rachel's / Rachel and Ross are eating Chinese.]

Ross : Rach?

Rach : What?

Ross : Hi.

Rach : Oh, I'm sorry. Oh, this is so stupid! [1]I mean, I ____ Barry ____, right? I ____ be happy for them!

Ross : **I feel sorry for** you.

Rach : Oh, oh, [2]I guess it ____ be different ____ I were ____ somebody.

Ross : Uh, [3]what ____ to, uh, 'Forget relationships! ____ done ____ men!'

Rach : Oh, I don't know. I guess it's not about no guys, it's about the right guy, y'know? I mean, with Barry, it was safe and easy, but there was no heat. With Paolo, there was, was heat! And it was just raw, animal, sexual…

Ross : Wait– wait. I got it. I was there.

>> 이것만은 꼭

('I got it.'의 의미는?)

원래 문장대로의 의미는 '나는 그것을 얻었다'이지만, 보통 회화상에서는 '알겠어', '이해했어' 의미로도 사용됩니다.

해설

Ross : (멍하니 중국 음식을 바라보고 있는 Rachel을 부른다) Rach?

Rach : 왜?

Ross : 뭐 해?

Rach : 아, 미안해. 정말 난 바보 같아. Barry를 포기해 놓고 두 사람을 위해서 기뻐해야 하는데 말이야.

Ross : 안됐다.

Rach : 음, 나한테 남자가 있다면 이러지 않겠지.

Ross : 남자하고 끝났다며 절대 안 사귄다고 했던 건 어떻게 된 거고?

Rach : 모르겠어. 남자가 싫다는 게 아니라 제대로 된 짝을 만나겠단 얘기였어. Barry하고 있을 땐 마음이 놓이고 편했지만 열정이 없었어. 하지만 Paolo하고는 열정뿐이었지! 짐승처럼 격렬한 열정 말야…

Ross : 알아, 알지. 누구는 눈이 없나.

여기서 **get** 동사는 '**understand**' 혹은 '**catch**'의 의미로 보면 됩니다.
* **I got it** from my teacher. : 나는 선생님으로부터 그것을 받았어.
* Yeah, **I got it**! You did it. : 아, 알겠다, 네가 그것을 했구나.

■ **왕초보 실력** 안 들키게 **빈칸** 잡아내기

1 I mean, I **gave** Barry **up**, right? I **should** be happy for them!

(Barry를 포기해 놓고 두 사람을 위해서 기뻐해야 하는데 말이야.)

2 I guess it **would** be different **if** I were **with** somebody.

(나한테 남자가 있다면 이러지 않겠지.)

3 what **happened** to, uh, 'Forget relationships! **I'm** done **with** men!'

(남자하고 끝났다며 절대 안 사귄다고 했던 건 어떻게 된 거고?)

☆ **강의를 들으시면 좀 더 확실히 리스닝 연습을 하실 수 있습니다.** (강의 다운로드 받는 법 참조)

I feel sorry for :

~ 안됐어, 딱해

1 I feel sorry for ~

1. 너 안됐다 ······ **I feel sorry for** you.
2. 노숙자들이 안됐어 ······ **I feel sorry for** the homeless.
3. 그녀의 가족들이 안됐어 ······ **I feel sorry for** her family.
4. 엄마에게 죄송한 마음이 들어 ······ **I feel sorry for** my mother.
5. 왠지 그가 딱했어 ······ **I felt sorry for** him for some reason.

[Joe-G's Pizza / The guys are there.]

Chan : I can't believe we are even having this discussion.

Joey : I agree.

Chan : [1]I mean, ____ you think ____ things ____ gonna happen ____ Rachel, they ____ happened already?

Ross : I'm telling you, she said she's looking for a relationship with someone exactly like me.

Joey : She really said that?

Ross : Well, [2]I ____ the '____ like me' ____. But she said she's looking for someone, and someone is gonna be there tonight.

Joey : Tonight?

Ross : Well, I think it's perfect. After work, I'd go pick up a bottle of wine, go over there and, uh, try to woo her.

Chan : Hey, y'know you should do. You should take her back to the 1890's, [3]when that phrase was last ____. **I'm sorry to** say that.

('even'의 의미는?)

회화에서 많이 쓰이는 표현 중 하나로 '심지어 ~조차도', '심지어 ~까지도'라는 의미입니다. 뒤에 바로 나오는 단어를 강조한다고 보면 됩니다.

해설

Chan : (피자를 함께 먹으면서) 우리가 이런 얘기까지 하게 될 줄은 생각도 못했어.

Joey : 마찬가지야.

Chan : Rachel하고 잘 되려고 했으면 벌써 그런 낌새가 있지 않았을까?

Ross : 정말이라니까. 딱 나 같은 사람과 사귀고 싶다고 얘기했다니까.

Joey : 정말 그렇게 말했어?

Ross : (머뭇거리다) 아니, '딱 나 같은 사람'이란 말은 내가 덧붙인 거지만… 누군가를 찾고 있긴 한데, 그 누군가가 오늘 밤 생길 거 같단 말이야.

Joey : 오늘 밤?

Ross : 오늘 밤. 정말 좋은 기회 같아. 퇴근하고 와인 한 병을 사 갖고 집에 가서 허전한 마음을 달래 주려고.

Chan : 그래야 하는지는 아네. 네 구닥다리 방법이 통하는 1890년대로 돌아가는 거야. 그렇게 말해서 미안.

---

* I do work **even** on Sunday. : 나는 일요일에도 일을 해.

* I don't **even** wanna help us. : 우리를 돕는 것은 바라지도 않아.

■ **왕초보 실력** 안 들키게 **빈칸** 잡아내기

1 I mean **don't** you think **if** things **were** gonna happen **with** Rachel, they **would've** happened already?

(Rachel하고 잘 되려고 했으면 벌써 그런 낌새가 있지 않았을까?)

2 I **added** the **'exactly** like me' **part**.

('딱 나 같은 사람'이란 말은 내가 덧붙인 거지만)

3 when that phrase was last **used**.

(네 구닥다리 방법이 통하는)

☆ 강의를 들으시면 좀 더 확실히 리스닝 연습을 하실 수 있습니다. (강의 다운로드 받는 법 참조)

I am sorry to + 동사 :

~해서 죄송해요

1 I am sorry to ~

1. 너무 늦어서 죄송해요 ·················· **I'm sorry to** be so late.
2. 귀찮게 해서 죄송해요 ·················· **I'm sorry to** bother you.
3. 실망시켜 드려 죄송해요 ················ **I'm sorry to** disappoint you.
4. 기다리게 해서 죄송해요 ················ **I'm sorry to** keep you waiting.
5. 너무 무례하게 굴어서 죄송해요 ········ **I'm sorry to** be so rude.

Scene No. 154

[Monica and Rachel's / Rachel is taking care of Marcel. Rachel takes the Monica's shoe into the kitchen because Marcel did phoo in her shoe. However, Marcel runs out of the room.]

Joey : How could you lose him?

Rach : I don't know. We were watching TV,

Mon : I'm sorry to hear that you lost him.

Rach : and then he pooped in Monica's shoe.

Mon : Wait. He pooped in my shoe? Which one?

Rach : I don't know. The left one.

Mon : Which ones?

Rach : Oh. Oh, those little clunky Amish things.

Phoeb : Hey. Whoah, ooh, [1]why is ▒ air in here so negative?

Chan : [2]Rachel ▒ Marcel.

Phoeb : Oh no, how?

Mon : He, he pooped in my shoe.

Phoeb : Which one?

Mon : [3]Those cute little black ▒ I ▒ all the time.

Phoeb : No, which one? The right or the left? 'Cause the left one is lucky.

('one'의 의미는?)

'**one**'은 단순히 '하나'라는 숫자의 개념뿐 아니라 어떤 불특정 단어를 반복해서 받아줄 때 사용되기도 합니다.

해설

Joey : (Ross가 맡긴 Marcel이라는 원숭이를 Rachel이 잃어버렸다는 것을 알고 화를 내며) 어쩌다 잃어버렸어?

Rach : 나도 몰라, TV 보고 있는데,

Mon : (집에 들어오면서) Marcel을 잃어버렸다니 안타까워.

Rach : (Joey를 보면서) Monica 구두에 똥을 눴더라고.

Mon : (화들짝 놀라며) 뭐라고, 내 구두에? 어느 거?

Rach : 몰라, 왼쪽일 거야.

Mon : 어느 신발?

Rach : 촌스럽고 투박한 구두 있잖아.

Phoeb : (방에 들어오면서) 안녕? 여기 분위기가 왜 이렇게 부정적이니?

Chan : Rachel이 Marcel을 잃어버렸대.

Phoeb : 설마, 어쩌다?

Mon : 내 구두에 똥을 눴대.

Phoeb : 어느 거?

Mon : 내가 항상 신고 다니는 귀여운 검은 구두 있잖아.

Phoeb : 어느 쪽? 오른쪽이야, 왼쪽이야? 왼쪽이면 행운이 있는 거래.

* I bought this car. I like it. : 나는 이 차를 샀어. 나는 그것이 마음에 들어.
* Which **one** do you like better? : 어떤 것이 더 마음에 드나요?
(어떤 것을 고를지 특정되지 않았기에 **one**을 사용한다.)

■ **왕초보 실력** 안 들키게 **빈칸** 잡아내기

1 why is **the** air in here so negative?

(여기 분위기가 왜 이렇게 부정적이니?)

2 Rachel **lost** Marcel.

(Rachel이 Marcel을 잃어버렸대.)

3 Those cute little black **ones** I **wear** all the time.

(내가 항상 신고 다니는 귀여운 검은 구두 있잖아.)

☆ **강의를 들으시면 좀 더 확실히 리스닝 연습을 하실 수 있습니다.** (강의 다운로드 받는 법 참조)

I am sorry to hear that + 주어 + 동사 :

~하신다니 안타깝네요 / ~하니 유감입니다

1 I am sorry to hear that ~

1. 직장을 잃었다니 안타깝네요 ··· **I'm sorry to hear that** you lost your job.
2. 아프셨다니 안타깝네요 ······· **I'm sorry to hear that** you have been ill.
3. 이사를 가신다니 안타깝네요
············· **I'm sorry to hear that** you are leaving town.
4. 파티가 재미없었다고 하시니 유감입니다
············· **I'm sorry to hear that** you didn't enjoy the party.
5. 할아버님께서 돌아가셨다고 하시니 유감입니다
············· **I'm sorry to hear that** your grandfather passed away.

[Monica and Rachel's / Rachel is on the phone.]

Rach : Okay, he's a, he's a black monkey with a white face. With, with Russian dressing and, and pickles on the side. Okay. Thanks.

Ross : Hey. How did, uh, [1] ____ ____ it go today?

Rach : Great! [2] It ____ great. Really great. Hey, is that wine?

Ross : Yeah. You, uh, you want some?

Rach : Oh, I would love some. But y'know what? Y'know what? Let's not drink it here. I'm feeling kinda crazy. You wanna go to Newark?

Ross : Uh, okay, yeah, we could do that, [3] but before we head ____ to the murder capital of the North–East, I am, uh, gonna ask you of our relationships and stuff.

Rach : Oh God, Ross, I cannot do this.

Ross : Okay, quick and painful.

Rach : Oh God··· Okay. Alright. Alright. Okay. Ross, please don't hate me.

Ross : Oh, what? What?

Rach : Y'know Marcel?

Ross : Yeah?

Rach : Well, **I'm sorry to say that** I kind of, I kind of lost him.

('with'의 의미는?)

원래 의미는 '~와 함께'라는 의미지만, '~을 가진', '~하면서'의 의미로도 사용됩니다.

해설

Rach : 얼굴이 하얀 검은 원숭이인데요. (Ross가 갑자기 들어오자 주문하는 척 한다) 러시안 드레싱하고 피클도 갖다주세요. 네, (Ross를 보고 태연한 척) 고마워요. 왔어?

Ross : 응, 오늘 어땠어?

Rach : 좋았지. 정말 좋았어, (Ross가 들고 온 것을 보며) 이거 와인이야?

Ross : 응. 좀 마실래?

Rach : 완전 마시고 싶어. 근데 말이야. 있지, 여기서 마시지 말고 기분이 좀 이상한데. 우리, Newark에 갈래?

Ross : 좋아, 물론 갈 수야 있지만, 살인 우범 지대로 가기 전에 우선 우리 관계에 대해 물어보고 싶은 말이 있어. (와인을 따면서)

Rach : Ross, 아무래도 안 되겠어.

Ross : (지레짐작하고 낙심한 듯 와인 뚜껑을 닫는다) 그래, 대답 한번 빠르고 아프네.

Rach : (상황을 파악하고 달래듯이) 맙소사, 좋아. 괜찮아, 그래. Ross, 나 미워하진 마.

Ross : 왜 그래, 무슨 일인데?

Rach : Marcel 알지?

Ross : 알지.

Rach : 이런 거 말해서 유감이긴 한데 내가 음, 그러니까, Marcel을 잃어버린 것 같아.

* A man is walking **with** a dog. : 한 남자가 개 한 마리와 함께 걷고 있어.
* Do you want a room **with** a window? : 창문 (가진) 있는 방을 원하세요?
* She answered **with** a smile. : 그녀는 웃으면서 대답했어.

■ **왕초보 실력** 안 들키게 **빈칸** 잡아내기

1 **how did** it go today?

(오늘 어땠어?)

2 It **went** great.

(정말 좋았어.)

3 but before we head **off** to the murder capital of the North−East,

(살인 우범 지대로 가기 전에)

☆ 강의를 들으시면 좀 더 확실히 리스닝 연습을 하실 수 있습니다. (강의 다운로드 받는 법 참조)

I am sorry to say that + 주어 + 동사 :
알려 드리게 돼서 유감이지만, ~합니다

1 I am sorry to say that ~

1. 알려 드리게 돼서 유감이지만, 낙방하셨습니다
··························· **I'm sorry to say that** you failed the test.

2. 알려 드리게 돼서 유감이지만, 불합격입니다
··························· **I'm sorry to say that** you didn't get accepted.

3. 알려 드리게 돼서 유감이지만, 당신이 틀렸습니다
··························· **I'm sorry to say that** you are wrong.

4. 알려 드리게 돼서 유감이지만, 나쁜 소식이 있습니다
··························· **I'm sorry to say that** I have some bad news.

5. 알려 드리게 돼서 유감이지만, 거기에 갈 수가 없습니다
··························· **I'm sorry to say that** I can't go there.

[Monica and Rachel's / Ross and Rachel are talking.]

Ross : I can't believe this. I mean, [1]all I ____ you ____ do was to keep him in the apartment.

Rach : I know, I know, **Sorry for not** keep**ing** him, Ross, I'm doing everything that I can. Oh! Who is it?

Intercom : Animal Control.

Ross : You called Animal Control?

Rach : Uh–huh··· why··· do you not like them?

Ross : Marcel is an illegal exotic animal. [2]____ they find him, ____ take ____ away from me.

Rach : Hi, thanks for coming.

Luisa : Somebody called about a monkey?

Ross : Yeah, [3]we ____ we had a monkey, but we didn't.

Rach : Turned out it was a hat.

Ross : Cat!

Rach : Cat! What am I saying? Cat!

('turn out'의 의미는?)

보통의 의미로는 TV나 라디오를 '끄다'의 의미로 쓰이지만, '~결과로 나타나다, 판명되다'의 의미로도 사용됩니다.

해설

Ross : 어떻게 그럴 수가 있어? 단지 밖에 못 나가게만 해 달라고 했는데.

Rach : 알아, 잘 못 지켜서 미안해. 무슨 일이든 하고 있다고. (초인종이 울린다) 누구세요?

Intercom : 동물 보호 센터요.

Ross : 동물 보호 센터를 불렀어?

Rach : 응. 왜, 싫어?

Ross : Marcel은 불법 외래 동물이야. Marcel을 찾으면 데리고 갈 거라고.

(Rachel이 문을 열어 준다)

Rach : 와 줘서 고마워요.

Luisa : 원숭이 때문에 전화했죠?

Ross : 원숭이인 줄 알았는데 아닌 거 있죠?

Rach : 알고 보니까 모자더라구요.

Ross : 고양이!

Rach : 고양이요, 내가 뭐라는 거야, 고양이요!

---

* **Turn out** the TV. : TV를 끄세요.
* It may **turn out** to be true. : 사실로 판명될 수도 있을 거야.

■ **왕초보 실력** 안 들키게 **빈칸** 잡아내기

1 all I **asked** you **to** do was to keep him in the apartment.

(단지 밖에 못 나가게만 해 달라고 했는데.)

2 **If** they find him, **they'll** take **him** away from me.

(Marcel을 찾으면 데리고 갈 거라고.)

3 we **thought** we had a monkey

(원숭이인 줄 알았는데)

☆ **강의를 들으시면 좀 더 확실히 리스닝 연습을 하실 수 있습니다.** (강의 다운로드 받는 법 참조)

Sorry for not ~ing :

~하지 못해서 미안해요

1 Sorry for not ~ing

1. 전화 못해서 미안해요 ··················· **Sorry for not** calling.
2. 제때에 못 와서 미안해요 ················ **Sorry for not** being on time.
3. 약속 못 지켜 미안해요 ·················· **Sorry for not** keeping my promise.
4. 차로 데리러 가지 않아서 미안해요 ······ **Sorry for not** picking you up.
5. 당신 생일 잊어버려서 미안해요
   ································· **Sorry for not** remembering your birthday.
6. 당신 질문에 대답하지 못해 미안해요
   ································· **Sorry for not** answering your questions.

[Monica and Rachel's / Luisa nods, but then Monica and Phoebe run in.]

Mon : Hi. [1] We ______ the third and fourth floor, no ______ seen Marcel.

Luisa : Okay. Are you aware that possession of an exotic animal is illegal?

Mon : Um, um have a seat. First of all, we haven't been introduced, I'm Monica Geller.

Luisa : Oh my God, you are! And you're Rachel Green!

Rach : Yeah!

Luisa : Luisa Gianetti! Lincoln High? [2] I ___ behind you guys in home room!

Rach : Luisa? Oh my God! Monica! It's Luisa!

Mon : Yeah, Luisa from home room!

Luisa : You have no idea who I am, do you?

Mon : No, not at all.

Luisa : Well, [3] maybe that's because you ______ four years ignoring me. [4] ______ it have been so hard to say 'Morning, Luisa'? Or 'Nice overalls'?

Mon : Oh, I'm, I'm so sorry!

Luisa : Ah, it's not so much you, you were fat, you had your own problems. But you? What a bitch!

Rach : What?

Mon : Could you just help us out here on that monkey thing? We were friends!

Luisa : I could… but I won't. I **am sorry I can't** help you. If I find that monkey, he's mine.

>> 이것만은 꼭

('aware'의 의미는?)

보통 해석상 '알다'라는 의미보다는 '인식하다', '깨닫다'의 의미로 알아두는 것이 좋습니다. 경우에 따라 '**be aware of**'가 같이 쓰이므로 함께 알아 두세요.

해설

Mon : 3, 4층 다 찾아봤는데 Marcel을 본 사람이 없어.

Luisa : 좋아요, 외래 동물을 키우면 불법인 것들 모르시나요?

Mon : 일단 앉으세요. 소개도 안 했네요. 전 Monica Geller예요.

Luisa : 세상에, 너구나. 넌 Rachel Green이고!
Rach : 네.
Luisa : Luisa Gianett이야! 링컨 고등학교 다녔지? 홈룸 시간에 너희들 뒷자리에 앉았었어!
Rach : (억지로 기억나는 듯이) Luisa? 세상에, Monica, Luisa래.
Mon : (역시 기억나는 듯이 연기하면서) 아, 그래, 홈룸 시간 Luisa.
Luisa : 내가 누군지 모르는 거지?
Mon : (Luisa의 눈치를 보면서) 그래.
Luisa : 하긴, 4년 동안 너희는 날 완전히 무시했으니까. 인사 한 마디가 그렇게 힘들었었냐? '안녕, Luisa' 혹은 '안녕, 뚱땡아'란 인사라도?
Mon : 정말 미안해!
Luisa : 넌 그나마 괜찮아. 너도 뚱보라 힘들었을 테니까. (Rachel을 보면서) 근데 넌! 정말 재수 없었어.
Rach : (발끈하면서) 뭐?
Mon : 우리 좀 도와줄 수 있어? 그래도 우린 친구였잖아!

Luisa : 그럴 순 있지만, 싫어. 너희들 도와줄 수 없어서 미안해. 원숭이 찾으면 압수야.

* I am **aware** of the danger. : 나는 위험에 대해 잘 인식하고 있어.
* Are you **aware** what you are doing? : 네가 뭘 하고 있는지 알긴 하니?
* Be **aware** of the snakes! : 뱀들 조심해! (뱀 있는 거 인식해!)

■ **왕초보 실력** 안 들키게 **빈칸** 잡아내기

1 We **checked** the third and fourth floor, no **one's** seen Marcel.

(3, 4층 다 찾아봤는데 마르셀을 본 사람이 없어.)

2 I **sat** behind you guys in home room!

(홈룸 시간에 너희들 뒷자리에 앉았었어.)

3 maybe that's because you **spent** four years ignoring me.

(4년 동안 너희는 날 완전히 무시했으니까.)

4 **Would** it have been so hard to say 'Morning, Luisa'? Or 'Nice overalls'?

(인사 한 마디가 그렇게 힘들었었냐? '안녕 Luisa' 혹은 '안녕, 뚱땡아'란 인사라도?)

☆ **강의를 들으시면 좀 더 확실히 리스닝 연습을 하실 수 있습니다.** (강의 다운로드 받는 법 참조)

I am sorry I can't :

~할 수 없어서 죄송합니다

1 I am sorry I can't ~

1. 당신을 도와줄 수 없어서 죄송합니다 ······· **I'm sorry I can't** help you.
2. 함께 갈 수 없어 죄송합니다 ··············· **I'm sorry I can't** join you.
3. 당신의 질문에 답할 수 없어서 죄송합니다
··························· **I'm sorry I can't** answer your question.
4. 초대에 응하지 못해서 죄송합니다
··························· **I'm sorry I can't** accept your invitation.
5. 오늘 밤 당신과 있을 수 없어서 죄송합니다
··························· **I'm so sorry I can't** be with you tonight.

[Basement / Monica and Phoebe are there.]

Phoeb : Marcel?
Mon : Marcel?
Phoeb : Marcel?
Phoeb : Oh my God!
Mon : What!
Phoeb : [1]Something ▒ brushed ▒ against my right leg!
Mon : What is it?
Phoeb : Oh, it's okay, [2]it was ▒ my ▒ leg.
Mon : Look, Phoebe!

Phoeb : Yeah! Oh, c'mon, Marcel! Oh, Marcel, c'mon!

Luisa : [3]Step ▒, ladies!
Mon : What're you gonna do?
Luisa : Just a small tranquilizer.
Mon : Oh my gosh, don't shoot, don't shoot. It's just a small thing.
Luisa : I'm sorry, but I have to.
Mon : Run, Marcel, run! Run, Marcel!

Mon : Are you okay?
Phoeb : Yeah, I think so. Oh! Huh. Whoah.
Mon : Oh gosh.

('against'의 의미는?)

가장 많이 쓰이는 의미로는 '~에 대항하여, 거슬러'로도 쓰이지만, 또 회화에서는 맞닿은 면을 일컬을 때 사용되기도 합니다.

해설

Phoeb : (지하실에서 Monica와 Marcel을 애타게 찾는다) Marcel?

Mon : Marcel?

Phoeb : Marcel?

Phoeb : 세상에!

Mon : 왜?

Phoeb : 뭔가가 내 오른발에 닿았어!

Mon : 뭔데?

Phoeb : 괜찮아, 내 왼발이었어.

Mon : Phoebe, 저기 봐!

(Monica가 구석에서 Marcel을 발견한다)

Phoeb : Marcel, 이리 온, Marcel, 이리 와!

(그때 계단 입구에서 Luisa가 나타난다)

Luisa : 비켜서세요! (장총을 장전한다)

Mon : 뭐 하려는 거예요?

Luisa : 단순 마취 총이에요.

Mon : 세상에, 쏘지 마요, 쏘지 마. 저 조그만 것을.

Luisa : 미안하지만, 어쩔 수가 없어요.

Mon : 도망쳐, Marcel, 도망쳐, Marcel! (Phoebe가 몸으로 Marcel을 덮치면서 마취 총에 맞는다)

Mon : 괜찮아?

Phoeb : 그래, 괜찮아. 윽! (엉덩이에서 마취 총알을 뽑는다, 그리고 쓰러진다) 아이고.

Mon : 맙소사.

* I do not fight **against** you. : 나는 너에 대항하여 싸우지 않아.

* The man is leaning **against** the wall. : 그 남자가 벽에 기대어 있어.

* A cat was rubbing **against** my leg. : 고양이가 내 다리에 대고 문지르고 있었어.

■ **왕초보 실력** 안 들키게 **빈칸** 잡아내기

1 Something **just** brushed **up** against my right leg!

(뭔가가 내 오른발에 닿았어.)

2 it was **just** my **left** leg.

(내 왼발이었어.)

3 Step **aside**, ladies!

(비켜서세요!)

☆ 강의를 들으시면 좀 더 확실히 리스닝 연습을 하실 수 있습니다. (강의 다운로드 받는 법 참조)

I am sorry, but :

죄송하지만, ~합니다

1 I am sorry, but ~

1. 죄송하지만, 이해가 안 되는군요 ········ **I'm sorry, but** I don't understand.
2. 죄송하지만, 그만 가 봐야겠습니다 ····· **I'm sorry, but** I have to leave now.
3. 죄송하지만, 저도 여기가 처음입니다 ··· **I'm sorry, but** I'm new here too.
4. 죄송하지만, 이건 사실이 아닙니다 ····· **I'm sorry, but** this is not true.
5. 죄송하지만, 우리는 당신에 동의하지 않습니다 ································ **I'm sorry, but** we don't agree with you.

[Marcel is walking along a hallway. He notices a banana on the floor and picks it up. The hand of an unseen person grabs him and carries him away.]

Ross : Marcel?

Rach : Marcel?

Ross : Marc– oh, this is so ridiculous! [1] ▒▒▒ been all over the neighbourhood.

Rach : Ross, I said I'm sorry like a million times. Y'know, [2] it is not like I ▒ this on purpose.

Ross : Oh, no, [3] things ▒▒ ▒▒ ▒ happen around you. I mean, you're off in Rachel–land, doing your Rachel–thing.

Rach : Ross.

Ross : I don't even wanna hear it, you're just…

Rach : Ross.

Ross : **I'm sorry if** I was out of line. Forget it, okay?

Rach : Ross!

Ross : What? What?

Both : Hey! Hey, Bananaman!

>> 이것만은 꼭

('on purpose'의 의미는?)

회화상에서는 '일부러', '고의로' 라는 의미로 사용하면 됩니다.

I didn't do it **on purpose**. : 나는 일부러 그것을 하지 않았어.

해설

Ross : Marcel?

Rach : Marcel?

Ross : (짜증을 내며) Marc… 이게 뭐야. 온 동네를 뒤져 봤잖아.

Rach : Ross, 미안하다고 수백 번도 더 말했잖아. 내가 일부러 그런 것도 아니잖아.

Ross : 아니, 너한테는 항상 사고가 일어난다고. 넌 'Rachel' 왕국에서 'Rachel' 식으로 살고 있잖아.

Rach : (뭔가를 바라보면서 말한다) Ross?

Ross : (귀찮다는 듯이) 듣고 싶지 않아, 넌 말이야…

Rach : Ross?

Ross : (약간 미안해하면서 체념한 듯) 그래, 좀 심했으면 미안해. 관두자.

Rach : Ross?

Ross : 뭐? 뭐?

Both : (어떤 남자가 바나나를 어디론가 배달하는 것을 보고) 저기 바나나 아저씨, 잠깐만이요!

* You brought me here **on purpose**. : 네가 고의로 나를 데려왔잖아.
* He lost the game **on purpose**. : 그는 일부러 게임에서 져 줬어.
* I didn't tell her **on purpose**. : 나는 고의로 그녀에게 말하지 않았어.

■ **왕초보 실력** 안 들키게 **빈칸** 잡아내기

1 **We've** been all over the neighbourhood.

(온 동네를 뒤져 봤잖아.)

2 it is not like I **did** this on purpose.

(내가 일부러 그런 것도 아니잖아.)

3 things **just sort of** happen around you.

(너한테는 항상 사고가 일어난다고.)

☆ 강의를 들으시면 좀 더 확실히 리스닝 연습을 하실 수 있습니다. (강의 다운로드 받는 법 참조)

I am sorry if:

만약 ~했다면 죄송합니다

1 I am sorry if ~

1. 만약 제가 도가 지나쳤다면 죄송합니다 ········ **I'm sorry if** I was out of line.
2. 만약 무례했다면 죄송합니다 ··················· **I'm sorry if** I was rude.
3. 만약 제가 오해했다면 죄송합니다 ············· **I'm sorry if** I misunderstood.
4. 만약 제가 방해가 되었다면 죄송합니다 ········ **I'm sorry if** I was in the way.
5. 만약 그것이 도움이 되지 않는 것 같다면 죄송합니다
   ······································· **I'm sorry if** that seems unhelpful.

1. 오해해서 미안해. (about)

2. 그녀의 가족들이 안됐어. (feel/for)

3. 너무 늦어서 죄송해요. (to)

4. 기다리게 해서 죄송해요. (to)

5. 직장을 잃었다니 안타깝네요. (to)

정답

1. **I'm sorry about** the misunderstanding.
2. **I feel sorry for** her family.
3. **I'm sorry to** be so late.
4. **I'm sorry to** keep you waiting.
5. **I'm sorry to hear (that)** you lost your job.

6. 아프셨다니 안타깝네요. (to)

7. 알려 드리게 돼서 유감이지만, 낙방하셨습니다. (to)

8. 약속 못 지켜 미안해요. (not)

9. 죄송하지만, 저도 여기가 처음입니다. (but)

10. 만약 무례했다면 죄송합니다. (if)

정답 ⁺
6. **I'm sorry to hear (that)** you have been ill.
7. **I'm sorry to say (that)** you failed the test.
8. **Sorry for not** keep**ing** my promise.
9. **I'm sorry, but** I'm new here too.
10. **I'm sorry if** I was rude.

If 패턴

160 ~ 161 강

[Everyone in the hall outside Mr. Heckles' door / Ross is carrying the box of bananas.]

Ross : Hi, [1]did you ▒▒ some bananas?

Mr. Heckles : What about it?

Ross : Gimme back my monkey.

Mr. Heckles : I don't have a monkey.

Ross : Then what's with all the bananas? Okay, Marcel? Marcel?

Mr. Heckles : That's my monkey. That's Patti.

Ross : Are you insane? Marcel, c'mon.

Mr. Heckles : C'mon, Patti.

Luisa : Here, monkey. Here, monkey! Here, monkey! Gotcha.

Rach : Oh, c'mon, Luisa! Give me that monkey!

Luisa : Sorry, prom queen.

Rach : Alright. [2]If you ▒▒ this monkey, I will ▒▒ one of the most important people in my life. You can hate me if you want, but please do not punish him. **If you have any** chance to be the bigger person here, take it!

Luisa : Nope.

Rach : [3]Alright. ▒▒ ▒▒ how about I call your supervisor and tell her that you shot my friend in the ass with a dart?

>> 이것만은 꼭

('what's with'의 의미는?)

회화에서 말하는 '**What's with**'는 보통 '~가 왜 그러지?', '~는 왜?'의 의미로 사용됩니다. **What's the matter with** ~?, **What's wrong with**

(Heckles 씨가 문을 열어준다)

Ross : 바나나 시키셨어요?

Mr. Heckles : 그게 뭔데?

Ross : 내 원숭이 돌려줘요.

Mr. Heckles : 원숭이 없어.

Ross : 이 바나나들은 뭐죠? 좋아요, Marcel? Marcel?

(Marcel이 반갑게 나온다)

Mr. Heckles : 내 원숭이야, Patti라고.

Ross : 미쳤어요? 이리 와, Marcel. (Marcel이 Ross에게 다가가려고 한다)

Mr. Heckles : 이리 와, Patti. (Marcel이 Heckles 씨에게 다가가려고 한다)

Luisa : (그때 문을 열고 우리를 연 채 Luisa가 들어온다) 이리 온, 원숭아, 이리 온. 잡았다.

Rach : 부탁이야, Luisa! 원숭이 돌려줘!

Luisa : 싫어, 퀸카 아가씨.

Rach : 좋아, 네가 이 원숭이를 데려가면 난 소중한 사람들을 잃게 돼. 날 미워해도 좋지만 이 친구를 벌하진 말아줘. 만약 지금 좀 더 큰 사람이 될 수 있는 기회가 있으면, 잡으라고.

Luisa : 싫은데.

Rach : 좋아. 그럼, 네 상관한테 네가 내 친구 엉덩이에 마취 총 쐈다고 이르면 어쩔 건데?

~ ?에서 중간의 글자를 생략해서 표현한다고 보면 됩니다.

* **What's with** you? : 너 왜 그래?, 무슨 일이야?

* **What's with** the subway this morning? : 오늘 아침에 지하철 왜 그런 거야?

■ **왕초보 실력** 안 들키게 **빈칸** 잡아내기

1 did you **order** some bananas?

(바나나 시키셨어요?)

2 If you **take** this monkey, I will **lose** one of the most important people in my life.

(네가 이 원숭이를 데려가면 난 소중한 사람들을 잃게 돼.)

3 Alright. **Well then** how about I call your supervisor,

(좋아. 그럼, 네 상관한테 이르면 어쩔 건데?)

☆ 강의를 들으시면 좀 더 확실히 리스닝 연습을 하실 수 있습니다. (강의 다운로드 받는 법 참조)

If you have any :

만약 ~ 있으시면, ~해 주세요

1 If you have any ~

1. 만약 질문 있으시면, 지금 질문해 주세요
 ························ **If you have any** questions, please ask me now.

2. 만약 질문 있으시면, 제 사무실로 방문해 주세요
 ························ **If you have any** questions, please stop by my office.

3. 만약 다른 문의 사항이 있으시면, 저에게 연락 주세요
 ························ **If you have any** further questions, please contact me.

4. 만약 문제가 있으시면, 바로 저에게 전화 주세요
 ························ **If you have any** problems, just call me.

5. 만약 좋은 생각 있으시면, 저에게 좀 알려 주세요
 ························ **If you have any** great ideas, please, let me know.

[Monica and Rachel's / Rachel and Ross are there.]

Ross : Listen, I'm, I'm sorry I was so hard on you before. **If there's anything** you're upset about, please forgive me.

Rach : Oh, Ross, c'mon. It's my fault, [1]I ______ ______ your···

Ross : Yeah, [2]but you were the one ______ ______ ______ back, y'know? You, you were great. Hey, we still have that bottle of wine. You're in the mood for, uh, something grape?

Rach : That'd be good.

Ross : Alright. The, uh, [3]the neighbours ______ be vacuuming. [4]Well, so long as ______ here and, uh, I was thinking about, uh, how mad we got at each other before, and, um, I was thinking maybe it was partially because of how we, um···

Barry : Rachel!

Rach : Barry?

Barry : I can't. I can't do it, I can't marry Mindy. I think I'm still in love with you.

Ross and Rach : Oh!

Ross : We have got to start locking that door!

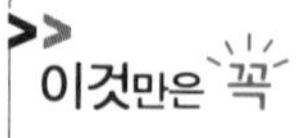

('partially'의 의미는?)

원래 '**part**(부분)'라는 단어에서 파생되었으며 '전체가 아닌 부분적으로'라는 의미임을 알아 두세요.

해설

Ross : 있지, 아까 너한테 심하게 군 거 미안해. 만약 기분 언짢은 게 있었다면, 용서해 줘.

Rach : 아냐, 다 내 잘못인걸. 네 원숭이를 잃어버렸잖아.

Ross : 아냐, 그래도 네가 다시 찾아 줬잖아. 정말 대단했어. 근데 말이야, 와인이 아직 그대로 있는데 어때, 한잔 할래?

Rach : 좋아!

Ross : 그래. (잔을 가지러 가면서 분위기를 잡으려는데 정전이 된다) 온 동네가 청소하나 보네. 이렇게 앉아 있으니까… 음… 생각해 봤는데 우리가 아까 너무 화가 나 있었어. 근데… 그건 우리가 서로에게…

(갑자기 Barry가 뛰쳐들어온다)

Barry : Rachel?

Rach : Barry?

Barry : 아무래도 안 되겠어. 나 Mindy랑 결혼 못해. 아직도 자기를 사랑하나봐.

Ross and Rach : Oh!

Ross : 먼저 문부터 잠그는 건데!

* The shop will remain **partially** open. : 그 가게는 부분적으로 영업할 거예요.
* The railway is **partially** opened to traffic. : 그 철도는 부분 개통 중이에요.
* It was **partially** my fault. : 그건 제 잘못도 있어요.

■ **왕초보 실력** 안 들키게 **빈칸** 잡아내기

1 I **almost lost** your…

(잃어버렸잖아.)

2 but you were the one **who got him** back, y'know?

(그래도 네가 다시 찾아 줬잖아.)

3 the neighbours **must** be vacuuming.

(온 동네가 청소하나 보네.)

4 Well, so long as **we're** here

(이렇게 앉아 있으니까)

☆ **강의를 들으시면 좀 더 확실히 리스닝 연습을 하실 수 있습니다.** (강의 다운로드 받는 법 참조)

If there's anything ~, :

만약 ~한 게 있으시면, ~하세요

1 If there's anything ~,

1. 만약 필요한 게 있으시면, 저에게 전화하세요
········· **If there's anything** you need, just give me a call.

2. 만약 원하는 게 있으시면, 저에게 말하셔도 돼요
········· **If there's anything** you want, you can talk to me.

3. 만약 제가 해야 할 일이 있으면, 이메일 주세요
········· **If there's anything** I should do, email me.

4. 만약 잘못된 게 있으면, 저에게 말해 주세요
········· **If there's anything** wrong, please tell me.

5. 만약 중요한 게 있으면, 주저 말고 요청해 주세요
········· **If there's anything** important, don't hesitate to ask.

have + p.p 패턴

162 ~ 169 강

162

[Central Perk / Everyone but Rachel is there.]

Mon : Look look! It's Rachel and Barry. No, don't everybody look at once!

Ross : Okay, okay, what's going on?

Phoeb : Okay, they're just talking.

Ross : Yeah, well, does he look upset?

Phoeb : No, no actually, he's smiling··· and··· and Oh my God, don't do that!

Ross : What? What? What?

Phoeb : [1] That man across the street just ▒▒▒ that pigeon!

Mon : Hey Rach! How'd it go?

Rach : Y'know, it was, uh··· it was actually really great. [2] He ▒▒▒ me to lunch ▒ the Russian Tea Room, and I ▒▒ that chicken.

Phoeb : Not a good day for birds···

Rach : [3] Then we ▒▒▒ ▒ ▒▒▒ down to Bendall's, and I ▒▒ ▒▒ not to, but he ▒▒ me a little bottle of Chanel.

Mon : Rachel, what's going on? How about the fact that he's engaged to another woman, who just happens to be your ex-best friend?

Rach : All right. All right, all right, all right, all right, I know **I** should **have been done** with him! I will go see him this afternoon, and I will just put an end to it!

>> 이것만은 꼭

('at once'의 의미는?)

다양한 의미를 가진 회화 표현으로 '동시에', '한 번에', '갑자기'라는 의미로 쓰일 수 있습니다.

(커피숍 창 밖에서 Rachel과 Barry가 대화를 하고 있다)

Mon : 봐봐, Rachel하고 Barry야. 안 돼, 동시에 보지 마.

Ross : (뒤를 돌아보지도 못 하고) 야, 야, 둘이 뭐하고 있어?

Phoeb : 그냥 얘기해.

Ross : 그래? 남자 화난 얼굴이야?

Phoeb : 아니, 웃고 있는데 그리고, 그리고 안 돼, 그러지 마!

Ross : 왜, 왜?

Phoeb : 길 건너에 서 있는 남자가 비둘기를 발로 찼어!

(Rachel이 대화를 끝내고 들어온다)

Mon : 안녕, Rachel, 어떻게 됐어?

Rach : 솔직히… 진짜 좋았어. 근사한 식당에서 점심으로 치킨을 먹었고.

Phoeb : 새들 수난의 날이군.

Rach : 그리고 시내에 갔는데, 싫다는데 샤넬 향수를 사 주는 거야. (행복하다는 듯이 웃는다)

Mon : Rachel, 어떻게 된 거야? 너랑 제일 친했던 친구랑 약혼했다는 사실은 어쩌고?

Rach : 그래, 알았어. 맞아, 난 그 사람과 다 끝냈어야 했단 거 알아. 당장 오후에 찾아가서 끝내자고 말할 거야.

* I can't do both things **at once**. : 나는 동시에 두 가지 일을 할 수는 없어.

* I can't find it **at once**. : 나는 한 번에 찾을 수는 없어.

* Bring them to me **at once** : 즉각 그것들을 내게 가져와.

■ **왕초보 실력** 안 들키게 **빈칸** 잡아내기

1 That man across the street just **kicked** that pigeon!

(길 건너에 서 있는 남자가 비둘기를 발로 찼어!)

2 He **took** me to lunch **at** the Russian Tea Room, and I **had** that chicken.

(근사한 식당에서 점심으로 치킨을 먹었고.)

3 Then we **took a walk** down to Bendall's, and I **told him** not to, but he **got** me a little bottle of Chanel.

(그리고 시내에 갔는데, 싫다는데 샤넬 향수를 사 주는 거야.)

☆ 강의를 들으시면 좀 더 확실히 리스닝 연습을 하실 수 있습니다. (강의 다운로드 받는 법 참조)

I have done ~ :

다 했어요 / 다 끝냈어요

1 I have done ~

1. 그거 다 끝냈어요 ··············· **I have done** it.
2. 내 숙제 다 했어요 ··············· **I have done** my homework.
3. 많은 연구 다 끝냈어요 ··········· **I have done** a lot of research.
4. 요청하신 것 다 했어요 ··········· **I have done** what you asked.
5. 제가 할 수 있는 한 다 했어요
··························· **I have done** everything within my power.

[Barry's Office / Rachel and Barry are getting dressed.]

Barry : What's the matter?

Rach : Oh, it's just··· Oh, Barry, this was not good.

Barry : No, it was. It was very, very good.

Rach : Well, what about Mindy?

Barry : Oh, wait, way better than Mindy.

Rach : No, not that, I mean, what about you and Mindy?

Barry : Well, if you want.

Rach : No. No, no, no, no, no. [1]I mean, ____ do that. Not, I mean ____ for me.

Barry : **I've decided to** break up with her. Let's go away this weekend. We can, we can go to Aruba! [2]When I ____ there, it was really nice. [3]You ____ like it.

Barry : All right Miss Green, everything looks fine.

Rach : What?

Bobby : I'm twelve, I'm not stupid.

>> 이것만은 꼭

('way better than'의 의미는?)

'~보다 훨씬 나은'이라는 의미로 약간은 생소하지만, 회화상에서 많이 사용합니다.

해설

Barry : 왜 그래?

Rach : 난… Barry, 이건 아냐.

Barry : 아니긴. 정말, 정말 좋았어.

Rach : Mindy는?

Barry : Mindy보다 훨씬 좋았다고.

Rach : 그런 얘기가 아냐. 자기랑 Mindy, 어떡하냐구.

Barry : 자기가 원하면.

Rach : 안 돼, 안 돼, 그러지 마. 날 위해서라면 그러지 마.

Barry : 그녀랑 헤어지기로 결정했어. 주말에 여행 가자. 아니, 우리 Aruba에 가자. 거길 가니까 정말 좋더라. 자기도 좋아할 거야.

(둘은 다시 Kiss를 한다. 그러나 꼬마 환자 Bobby가 들어오자 재빨리 Rachel 입을 보며 진료 보는 척한다)

Barry : 좋아요, Green 양. 이상이 없군요.

(Barry는 서둘러 나가고, 꼬마 환자 Bobby가 Rachel을 바라보고 씩 웃는다)

Rach : 뭔데?

Bobby : 나 12살이에요. 알 건 다 안다고요.

* This is **way better than** learning. : 이것이 학습보다 훨씬 나아요.
* My plans are **way better than** the original. : 제 계획은 원래 것보다 훨씬 나아요.

■ **왕초보 실력** 안 들키게 **빈칸** 잡아내기

1 I mean, **don't** do that. Not, I mean **not** for me.

(날 위해서라면 그러지 마.)

2 When I **went** there, it was really nice.

(거길 가니까 정말 좋더라.)

3 You **would** like it.

(자기도 좋아할 거야.)

☆ 강의를 들으시면 좀 더 확실히 리스닝 연습을 하실 수 있습니다. (강의 다운로드 받는 법 참조)

I've decided to :

~하기로 결정했어요

1 I've decided to ~

1. 새 차를 사기로 결정했어요 ··············· **I've decided to** buy a new car.
2. 여행을 떠나기로 결정했어요 ·············· **I've decided to** take a trip.
3. 직장을 그만두기로 결심했어요 ············ **I've decided to** quit my job.
4. 그녀에게 사실대로 말하기로 결정했어요 ·· **I've decided to** tell her the truth.
5. 그의 사과를 받아들이기로 결정했어요 ····· **I've decided to** accept his apology.

[Monica and Rachel's / Chandler enters clutching his phone.]

Chan : Can I use your phone?

Mon : Yeah··· uh, but for future reference, [1]that ▒▒▒ in your hand can also be used as a phone.

Chan : Yes, it's working! [2]Why ▒▒ she calling me back?

Joey : Maybe she never got your message.

Phoeb : Y'know, if you want, you can call her machine, and if she has a lot of beeps, that means she probably didn't get her messages yet.

Chan : **I've been** calling her all morning. You don't think that makes me seem a little···

Ross : desperate, needy, pathetic?

Chan : Ah, [3]you ▒▒▒▒▒ ▒▒ my personal ad.

Phoeb : How many beeps?

Chan : She answered.

Mon : Y'see, [4]this is ▒▒▒ ▒▒▒ use that 'hello' word we ▒▒▒ about.

Chan : I'm not gonna talk to her, she obviously got my message and is choosing not to call me. Now I'm needy and snubbed. God, I miss just being needy.

('for future reference'의 의미는?)

'훗날 참고를 위해'라는 의미인데, 그냥 '참고삼아'라는 의미로 관용구처럼 회화에서 사용하시면 됩니다.

해설

Chan : 전화 좀 써도 돼?

Mon : 그럼. 혹시 모를까 봐 하는 얘긴데 네 손에 든 것도 전화기야.

(Chandler가 자기 전화기로 전화한 후)

Chan : 되잖아. 왜 전화를 안 하지?

Joey : 메시지 못 받았나 보지.

Phoeb : 응답기에 다시 걸어봐. 삐 소리가 많이 나면 아직 메시지 못 들은 거야.

Chan : 아침 내내 계속 전화했거든. 그렇게 하면 내가 너무…

Ross : 궁해 보여? 불쌍해 보여?

Chan : 넌 날 너무 잘 안단 말야.

(다시 전화하더니 황급히 끊는다)

Phoeb : 삐 소리 얼마나 나?

Chan : 직접 받았어.

Mon : 그럴 때는 '여보세요'라고 말하는 거야.

Chan : 절대 말 안 할 거야. 분명히 메시지 받고도 전화 안 하는 거야. 난 궁한데 무시당했어. 그냥 궁하기만 하면 좋은데.

* Note that one **for future reference**. : 참고삼아 그것 적어 놓으세요.

* I marked the calendar **for future reference**. : 참고삼아 나는 달력에 표시를 했어.

■ **왕초보 실력** 안 들키게 **빈칸** 잡아내기

1 that **thing** in your hand can also be used as a phone.

(네 손에 든 것도 전화기야.)

2 Why **isn't** she calling me back?

(왜 전화를 안 하지?)

3 you **obviously saw** my personal ad.

(넌 날 너무 잘 안단 말야.)

4 this is **where you'd** use that 'hello' word we **talked** about.

(그럴 때는 '여보세요'라고 말하는 거야.)

☆ **강의를 들으시면 좀 더 확실히 리스닝 연습을 하실 수 있습니다.** (강의 다운로드 받는 법 참조)

I've been :

계속 ~했어요

1 I've been ~

1. 여기 너무 오래 계속 있었어요 ·········· **I've been** here too long.
2. 계속 걱정 많이 했어요 ················· **I've been** so worried.
3. 요즘 좀 계속 피곤해요 ················· **I've been** a little tired lately.
4. 계속 당신 기다리고 있었어요 ·········· **I've been** waiting for you.
5. 계속 나의 미래에 대해 생각하고 있었어요 ··· **I've been** thinking about my future.

[Monica and Rachel's / Rachel enters.]

Phoeb : How did it go?

Rach : Pretty well, actually.

Ross : What, [1] what ▒▒ you thinking?

Rach : I don't know! I mean, we still care about each other. There's a history there like you and Carol.

Ross : No! No no, it is nothing like me and Carol! [2] It's, it's, it's, uh, a ▒▒▒▒ different situation! It's, it's apples and oranges, it's, it's orthodontists and lesbi– I gotta go.

Chan : Hello? Hello?

Rach : Hello? Mindy! Hi! Hey, how are you? Yes, yes, **I've heard**, congratulations, that is so great. Really? Oh. Okay. Okay, so I'll, so I'll see you tomorrow! Okay··· Okay··· Bye. Oh God. Oh God. Oh God.

Chan : So how's Mindy?

Rach : Oh, she wants to see me tomorrow··· Oh, [3] she ▒▒▒▒▒ really weird, I ▒▒▒ call Barry··· Hi, it's me, I just··· Mindy! Mindy! Hi! No, [4] I figured that's where ▒▒▒ be!

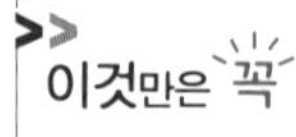

('still'의 의미는?)

약간의 상반된 의미의 '아직도' 혹은 '가만히'라는 두 개의 의미가 많이 쓰이므로 주의합시다.

해설

Phoeb : (Barry를 만나고 온 Rachel이 들어오자 묻는다) 어떻게 됐어?

Rach : 솔직히… 잘 됐지.

Ross : (Rachel의 대답에 실망했다는 듯이) 무슨 생각을 하고 있는 거야?

Rach : 모르겠어. 우린 아직도 서로를 좋아해. 바로 끝낼 수가 없어. 너랑 Carol처럼.

Ross : 아니, 아니! 나랑 Carol 얘긴 하지 마. 우리랑은 상황이 달라. 사과와 오렌지 같은 거라고. 치아 교정사와 레즈. 아, 난 갈래.

(Ross가 나간 후 전화가 울리자 Chandler가 몸을 던지면서 받는다)

Chan : 여보세요, 여보세요? (자기를 찾는 게 아니자 실망하면서 Rachel에게 수화기를 건네준다)

Rach : 여보세요? Mindy! 잘 지내? 그럼, 들었어. 축하해, 잘됐어. 정말? 그럼 내일 보자. 그래, 안녕. (전화를 끊고는 안절부절못한다) 맙소사, 어떡해. 난 몰라.

Chan : Mindy는 어때?

Rach : 내일 날 만나러 온대. 목소리가 너무 이상했어. Barry한테 전화해야지. (다시 수화기를 들어 Barry 집에 전화를 건다) 안녕, 나야… (Mindy가 받자 깜짝 놀라며) Mindy! Mindy! 너 거기 있을 줄 알고 걸었지.

---

* I **still** don't understand what happened. : 나는 아직도 무슨 일이 일어났는지 모르겠어.
* He **still** lives in the same place. : 그는 아직도 같은 장소에서 살아.
* Stand **still** while I take your photo. : 사진 찍는 동안 가만히 있어.

■ **왕초보 실력** 안 들키게 **빈칸** 잡아내기

1 what **are** you thinking?

(무슨 생각을 하고 있는 거야?)

2 It's, it's, it's, uh, a **totally** different situation!

(우리랑은 상황이 달라.)

3 she **sounded** really weird, I **gotta** call Barry.

(목소리가 너무 이상했어.)

4 I figured that's where **you'd** be!

(너 거기 있을 줄 알고 걸었지.)

☆ **강의를 들으시면 좀 더 확실히 리스닝 연습을 하실 수 있습니다.** (강의 다운로드 받는 법 참조)

I've heard ~ :

~의 애기를 들었어요 / 들어 본 적이 있어요

1 I've heard ~

1. 그의 애기를 전에 들었어요 ············ **I've heard** of him before.
2. 당신에 대해서는 많이 들었어요 ········ **I've heard** a lot about you.
3. 그가 괜찮은 사람이라고 들었어요 ······ **I've heard** he's a good person.
4. 이것은 제가 들어 본 중 가장 웃긴 얘기네요
   ···························· This is the funniest thing **I've ever heard.**
5. 이것은 제가 들어 본 중 가장 슬픈 뉴스네요
   ···························· It was the saddest news **I've ever heard.**

[Monica and Rachel's / Chandler is sitting and staring at his phone.]

Mon : Brrrrrrr!

Chan : Hell is filled with people like you. **I've seen** it in my dreams.

Rach : Oh, [1] I gotta go ___ work and get my eyes scratched ___ ___ Mindy.

Mon : Relax. Y'know, she may not even know.

Rach : I haven't heard from her in seven months, and now she calls me? I mean, what else is it about? Oh! She was my best friend, and now, y'know, I'm like… I'm like the other woman! Right, I'll see you guys later…

Chan : Okay, I'm gonna go to the bathroom. Will you watch my phone?

Mon : Why don't you just take it with you?

Chan : Hey, [2] we ___ been on a ___ date, she needs to hear me pee?

Mon : Why don't you just call her?

Chan : [3] I ___ call her, I ___ a message! I have some pride.

Mon : Do you?

Chan : No!

>> 이것만은 꼭

('what else'의 의미는?)

'**else**'는 '그 밖의', '그 외에'라는 의미로서, '**what else**'라고 하면 '그 밖의 무엇', '다른 무언가'의 의미로 해석될 수 있습니다.

(전화기를 뚫어지게 바라보는 Chandler 뒤에서 Monica가 조용히 다가가 입으로 소리를 낸다)

Mon : 따르릉!

Chan : (화들짝 놀라며 엉겁결에 수화기를 드는 Chandler) 지옥엔 너 같은 애들이 우글거리지. 꿈속에서 본 적이 있거든.

Rach : (옷을 챙기며) 아, 일하러 가야겠어. Mindy한테 얼굴 긁힐 준비 해야지.

Mon : 너무 걱정하지 마. 아직 모를지도 모르잖아.

Rach : 7개월 동안 감감무소식이다가 지금 전화를 해? 다른 이유가 있겠어? 나랑 제일 친한 친구였는데… 이젠 아주 남이 됐네. 좋아, 나중에 보자.

(집 안에 Monica와 Chandler 둘만 남아 있다)

Chan : 나 화장실 갈 건데 전화기 좀 봐 줄래?

Mon : 가져가면 되잖아.

Chan : 첫 번째 데이트밖에 못했는데 쉬 소리 들려주라고?

Mon : 그럼 네가 전화하지 그래?

Chan : 안 돼, 메시지 남겼잖아. 나도 자존심이 있어.

Mon : 정말?

Chan : 아니.

(Chandler는 다급하게 전화를 건다)

* I don't know **what else** is gonna happen. : 나는 그 밖에 무슨 일이 일어날지 몰라.

* **What else** can you tell me? : 또 다른 거 말해 주실 수 있으세요?

* **What else** do you wanna hear? : 그 밖에 또 무엇을 듣고 싶니?

■ **왕초보 실력** 안 들키게 **빈칸** 잡아내기

1 I gotta go **to** work and get my eyes scratched **out by** Mindy.

(일하러 가야겠어. Mindy한테 얼굴 긁힐 준비 해야지.)

2 we **haven't** been on a **second** date, she needs to hear me pee?

(첫 번째 데이트밖에 못했는데 쉬 소리 들려주라고?)

3 I **can't** call her, I **left** a message!

(안 돼, 메시지 남겼잖아.)

☆ 강의를 들으시면 좀 더 확실히 리스닝 연습을 하실 수 있습니다. (강의 다운로드 받는 법 참조)

I've seen :

~ 본 적이 있어요

1 I've seen ~

1. 전에도 그런 걸 본 적이 있어요 ········· **I've seen** it before.
2. TV에서 그를 몇 번 본 적이 있어요 ····· **I've seen** him on a TV show.
3. 이것은 제가 본 중 최고의 영화예요
······················· This is the best film **I've ever seen.**
4. 그녀는 제가 본 중 가장 아름다운 소녀예요
······················· She is the most beautiful girl **I've ever seen.**
5. 그것은 제가 본 중 가장 최악의 사고예요
······················· It was the worst accident **I've ever seen.**

[Central Perk / Rachel is serving coffee as Mindy enters.]

Rach : Mindy. So, what's up?

Mindy : Well, [1]I know ______ ______ been weird lately, but ______ like my oldest friend in the world.

Rach : Okay.

Mindy : Will you be my maid of honour?

Rach : Of course!

Mindy : Oh that's so great!

Rach : Was that all you wanted to ask?

Mindy : That's not all. [2]I think Barry is ______ someone in the city.

Rach : Um, what, what would make you think that?

Mindy : Well, ever since we announced the engagement, [3]______ been acting really weird, and ______ ______ night, he ______ home smelling like Chanel.

Rach : Really!

Mindy : **Have you heard** any weird things about Barry when he was engaged to you? He and I··· kind of··· had a little thing on the side.

Rach : What? Uh··· Oh, Mindy, you are so stupid. Oh, we are both so stupid.

Mindy : What do you mean?

Rach : Smell familiar?

Mindy : Oh no.

>> 이것만은 꼭

('lately'의 의미는?)

회화에서는 '최근에', '요새', '요즘'의 의미로 사용됩니다. 같이 사용되는 문장의 동사는 '완료형'을 원칙으로 함을 주의해서 알아 둡시다.

(커피숍으로 들어온 Mindy를 Rachel이 어색해하며 맞는다)

Rach : Mindy! 어떻게 지내?

Mindy : (심각한 얼굴로 말한다) 음, 요즘 상황이 좀 이상하게 돌아가는데 넌 나랑 제일 친한 친구잖아.

Rach : (잔뜩 긴장한 얼굴로) 그래.

Mindy : (어렵게 말을 꺼내면서) 내 들러리가 돼 줄래?

Rach : (겁먹었다가 안심하면서 대답한다) 당연하지!

Mindy : 그럼 잘됐다!

Rach : (Mindy를 꽉 끌어안으면서) 물어본다는 게 그것뿐이니?

Mindy : (갑자기 울먹이면서) 그게 다가 아냐. Barry가 누굴 만나는 것 같아.

Rach : 왜 그렇게 생각해?

Mindy : 음, 약혼 발표한 뒤로 행동이 너무 이상해졌어. 어젯밤에 집에 왔는데 샤넬 향수 냄새가 나는 거야.

Rach : 정말?

Mindy : Barry가 너랑 약혼했을 때는 이상한 말 들어본 적 없니? 몰래 날 만나고 있었는데.

Rach : (깜짝 놀라며) 뭐? Mindy, 그래, 넌 바보야. 아니, 우린 둘 다 바보야.

Mindy : 무슨 소리야?

Rach : (Mindy에게 자기 팔목 냄새를 맡게 하면서) 낯익은 냄새지?

Mindy : 설마.

* I have been working a lot **lately**. : 최근에 일 많이 하고 있어.
* She has been better **lately**. : 요새 그녀는 괜찮았어.
* I haven't been to class **lately**. : 요즘 나는 수업에 안 나가고 있어.

■ **왕초보 실력** 안 들키게 **빈칸** 잡아내기

1 I know **things have** been weird lately, but **you're** like my oldest friend in the world.

(요즘 상황이 좀 이상하게 돌아가는데 넌 나랑 제일 친한 친구잖아.)

2 I think Barry is **seeing** someone in the city.

(Barry가 누굴 만나는 것 같아.)

3 **he's** been acting really weird, and **then last** night, he **came** home smelling like Chanel.

(행동이 너무 이상해졌어. 어젯밤에 집에 왔는데 샤넬 향수 냄새가 나는 거야.)

☆ 강의를 들으시면 좀 더 확실히 리스닝 연습을 하실 수 있습니다. (강의 다운로드 받는 법 참조)

Have you heard ~?:

~에 대해 들어 본 적 있나요?

1 Have you heard ~?

1. 저 노래 들어 본 적 있나요? ················ **Have you heard** of that song?
2. 전에 그에 대해 들어 본 적 있나요? ········ **Have you heard** of him before?
3. 그 화재에 대해 들어 본 적 있나요? ········ **Have you heard** about the fire?
4. 너는 새 선생님에 관해 들어 본 적 있나요?
   ······························ **Have you heard** about the new teacher?
5. 최근에 그로부터 소식 들은 적 있나요?
   ······························ **Have you heard** from him recently?

[Barry's Office / Barry is preparing his tools alone as Rachel enters.]

Rach : Hey. Got a second?

Barry : Sure, sure. Come on··· in···

Mindy : Hello, sweetheart.

Barry : Uh, uh, what're you, [1] ______ you guys doing here?

Rach : Uh, we are here to break up with you.

Barry : [2]Both ___ you?

Mindy : Basically, we think you're a horrible human being, and bad things should happen to you.

Barry : I'm sorry. I'm sorry, God, I am so sorry, I'm an idiot, I was weak, I couldn't help myself! Whatever I did, I only did because I love you so much!

Rach : Uh, [3] which one ___ us are you talking to there, Barry?

Barry : Mindy. Mindy, of course Mindy, it was always Mindy. Sweetheart, just gimme, gimme another chance, okay, we'll start all over again. **Have you seen** my tickets? We'll go back to Aruba.

Rach : What is it with you and Aruba? Do you have a deal with the airlines?

>> 이것만은 꼭

('basically'의 의미는?)

단어의 의미는 '근본적으로', '기본적으로'라는 의미인데, 회화상에서 자연스럽게 해석하려면 '원래', '일단'이라는 의미로 해석하는 게 적합합니다.

해설

Rach : 안녕, 시간 좀 있어?

Barry : 그럼, 그럼 들어… (Mindy와 같이 들어오는 것을 보고 당황하면서) 와.

Mindy : 안녕, 자기야.

Barry : 두 사람 여긴 웬일이야?

Rach : 우리 자기랑 헤어지려고 왔지.

Barry : 둘 다?

Mindy : 일단, 자기는 나쁜 사람이야. 자기는 천벌을 받아야 돼.

Barry : 미안해, 미안해. 정말 미안해, 내가 바보에 겁쟁이였어. 어쩔 수가 없었다구. 무슨 짓을 했건 당신을 너무 사랑하기 때문이야.

Rach : Barry, 누구한테 하는 얘기야?

Barry : Mindy! 물론 Mindy지. 난 늘 Mindy만 생각했다고. Mindy, 자기야. 제발 한 번만 기회를 줘. 우리 다시 시작하는 거야. 내 비행기 티켓 본 적 있어? 우리, Aruba로 가자.

Rach : 도대체 Aruba랑 무슨 사연 있어? 거기 항공사하고 계약이라도 맺은 거야?

* **Basically**, I don't know. : 일단 아는 게 하나도 없어.

* They are asking for it, **basically**. : 일단 그들은 그것을 요구하고 있어.

■ **왕초보 실력** 안 들키게 **빈칸** 잡아내기

1 **what're** you guys doing here?

(두 사람 여긴 웬일이야?)

2 Both **of** you?

(둘 다?)

3 which one **of** us are you talking to there, Barry?

(Barry, 누구한테 하는 얘기야?)

☆ 강의를 들으시면 좀 더 확실히 리스닝 연습을 하실 수 있습니다. (강의 다운로드 받는 법 참조)

Have you seen :

~을 본 적 있어요?

1 Have you seen ~

1. 제 티켓 본 적 있나요? ············· **Have you seen** my tickets?
2. Carol 본 적 있어요? ············· **Have you seen** Carol?
3. 최근에 괜찮은 영화 본 거 있어요?
······················· **Have you seen** any good movies lately?
4. 커피에 관한 그 기사 본 적 있어요?
······················· **Have you seen** that article about coffee?
5. 이 근처에 놓여 있던 빨간색 우산 본 적 있어요?
······················· **Have you seen** a red umbrella lying around here?

[Monica and Rachel's / Everyone is looking at papers.]

Joey : **Have you ever** thought about this stuff? [1]How ______ someone get ___ ______ ___ your credit card number?

Mon : I have no idea. [2]But look how much they ______!

Rach : Monica, would you calm down? [3]The credit card people said that you only have to pay for the stuff that you ______.

Mon : I know. It's just such reckless spending.

Ross : I think when someone steals your credit card, [4]______ kind of already ______ caution to the wind.

Chan : Wow, what a geek. They spent $69.95 on a Wonder Mop.

Mon : That's me.

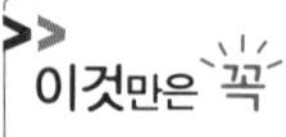

('already'의 의미는?)

'이미', '벌써'라는 의미로 앞에서 배운 **'still'**과 약간 반대의 의미가 될 수 있습니다.

Joey : 이런 일 한 번이라도 생각해 본 적 있어? 어떻게 네 신용카드 번호를 알아냈지?

Mon : 나도 몰라. 아무튼 엄청나게 써댔어.

Rach : Monica, 흥분하지 마, 카드사에선 네가 산 것만 지불하면 된다잖아.

Mon : 그건 알지만 무지막지하게 긁어댔어.

Ross : 남의 신용카드를 훔쳐냈으니 닥치는 대로 쓰는 게 당연하지.

Chan : (Monica에게서 청구서를 뺏어 보면서) 야, 이 사람 변태 아냐? '기적의 수세미'를 69달러 95센트에 샀어.

Mon : (청구서를 뺏으면서) 그건 내가 산 거거든.

* I **already** have a boyfriend. : 나는 이미 남자 친구가 있어.
* I've **already** spoken to the police. : 나는 이미 경찰관에게 말했어.
* Have you **already** read the book? : 벌써 그 책 다 읽었니?

■ **왕초보 실력** 안 들키게 **빈칸** 잡아내기

1 How **could** someone get **a hold of** your credit card number?

(어떻게 네 신용카드 번호를 알아냈지?)

2 But look how much they **spent**!

(아무튼 엄청나게 써댔어.)

3 The credit card people said that you only have to pay for the stuff that you **bought**.

(카드사에서는 네가 산 것만 지불하면 된다잖아.)

4 **they've** kind of already **thrown** caution to the wind.

(닥치는 대로 쓰는 게 당연하지.)

☆ **강의를 들으시면 좀 더 확실히 리스닝 연습을 하실 수 있습니다.** (강의 다운로드 받는 법 참조)

Have you ever

한 번이라도 한 적 있어요?

1 Have you ever ~

1. 한 번이라도 로마에 가 본 적 있어요? ······ **Have you ever** been to Rome?
2. 한 번이라도 이 사람 강연하는 거 들어 본 적 있어요?
······················· **Have you ever** heard this speaker before?
3. 한 번이라도 선생님이 될 생각해 본 적 있어요?
······················· **Have you ever** thought about becoming a teacher?
4. 한 번이라도 그와 사업해 본 적 있어요?
······················· **Have you ever** done business with him?
5. 한 번이라도 그리스 음식 먹어 본 적 있어요?
······················· **Have you ever** tried Greek food?

1. 만약 질문 있으시면, 지금 질문해 주세요.

2. 만약 잘못된 게 있으면, 저에게 말해 주세요.

3. 요청하신 것 다 했어요.

4. 여행을 떠나기로 결정했어요.

5. 계속 나의 미래에 대해 생각하고 있었어요.

정답⁺
1. **If you have any** questions, please ask me now.
2. **If there's anything** wrong, please tell me.
3. **I have done** what you asked.
4. **I've decided to** take a trip.
5. **I've been** thinking about my future.

6. 당신에 대해서는 많이 들었어요.

---

7. 이것은 제가 들어 본 중 가장 웃긴 얘기네요.

---

8. 이것은 제가 본 중 최고의 영화예요.

---

9. 전에 그에 대해 들어 본 적 있나요?

---

10. 한 번이라도 로마에 가 본 적 있어요?

정답 ⁺

6. **I've heard** a lot about you.
7. This is the funniest thing **I've** ever **heard.**
8. This is the best film **I've** ever **seen.**
9. **Have you heard** of him before?
10. **Have you ever** been to Rome?

had better 패턴

170 ~ 174 강

[Monica and Rachel's / Monica is still examining her bill as Rachel emerges from her room.]

Rach : Oh, Monica. You are not still going over that thing. **You'd better** get more sleep.

Mon : [1]This ______ living my life.

Rach : What?

Mon : She's living my life, and she's doing it better than me! Look at this, look. She buys tickets for plays that I wanna see. She, she buys clothes from stores that I'm intimidated by the sales people. She spent three hundred dollars on art supplies.

Rach : You're not an artist.

Mon : Yeah, [2]well I ______ be if I had the supplies! I mean, I could do all this stuff. Only I don't.

Rach : Oh, Monica, c'mon, you do cool things.

Mon : Oh really? Okay, let's compare, shall we?

Rach : Oh, it's so late for 'Shall we'···

Mon : Do I go horseback riding in the park? Do I take classes at the New School?

Rach : No···

Mon : This is so unfair! [3]______ got everything I want, and she doesn't have my mother.

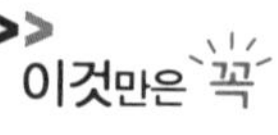

('spend'의 의미는?)

회화상에서 빈번히 나오는 동사 중 하나입니다. 단순한 의미로는 '~를 보내다, ~를 쓰다'라는 의미인데, 주의할 점은 '시간 혹은 돈을 사용한다'는 의미에서 주로

Rach : (새벽에 잠들지 않고 청구서를 들여다보고 있는 Monica를 보며) Monica, 여태 그걸 들여다보고 있는 거야? 너 잠도 좀 더 자는 게 낫겠어.

Mon : (Rachel 얘기는 듣지도 않고) 이 여자는 내 인생을 살고 있어.

Rach : 뭐?

Mon : 내 인생을 사는데 나보다 훨씬 멋지게 살고 있어. 이것 봐. 내가 보고 싶어했던 연극 티켓을 사고, 가게 앞에만 있어도 쫄았던 곳에서 옷도 사 입고, 미술 용품에 300달러나 썼어.

Rach : 넌 화가도 아니잖아.

Mon : 용구만 있으면 됐을지도 모르지. 나도 이렇게 살 수 있는데 그렇질 못하잖아.

Rach : Monica, 그런 소리 마. 너도 근사하게 살잖아.

Mon : 그래? 한번 비교해 볼까?

Rach : (늦은 밤이라 졸려서 하품을 늘어지게 하면서) 그러긴 너무 늦은 시간 아니야?

Mon : 내가 공원에서 승마를 하길 하나, 학원에서 강의를 듣길 하나.

Rach : (하품을 늘어지게 하면서) 아니.

Mon : 너무 불공평해. 내가 원하는 걸 다 하면서도 우리 엄마 같은 엄마는 없잖아.

사용된다는 점입니다.

* We **spend** too much time watching TV. : 우리는 TV 보는 데 너무나 많은 시간을 사용한다.

* How do you plan to **spend** your bonus? : 보너스를 어떻게 쓰실 건가요?

■ **왕초보 실력** 안 들키게 **빈칸** 잡아내기

1 This **woman's** living my life.

(이 여자는 내 인생을 살고 있어.)

2 well I **might** be if I had the supplies!

(용구만 있으면 됐을지도 모르지.)

3 **She's** got everything I want

(내가 원하는 걸 다 하면서도)

☆ 강의를 들으시면 좀 더 확실히 리스닝 연습을 하실 수 있습니다. (강의 다운로드 받는 법 참조)

You'd better:

당신은 ~하는 게 낫겠어요

1 You'd better ~

1. 당신은 조심하는 낫겠어요 ·········· **You'd better** be careful.
2. 당신은 코트 입는 게 낫겠어요 ······ **You'd better** wear a coat.
3. 당신은 내 조언을 듣는 게 낫겠어요 ·· **You'd better** take my advice.
4. 당신은 좀 진정하는 게 낫겠어요 ···· **You'd better** take it easy.
5. 당신은 생각하고 말하시는 게 낫겠어요 ·· **You'd better** think before you speak.

[Central Perk / Joey and Chandler are discussing stage names.]

Chan : How about Joey··· Papponi?

Joey : No, still too ethnic. [1] My agent thinks I should have a name ______ more neutral.

Chan : Joey··· Switzerland?

Joey : Plus, y'know, [2] I think it ______ be Joe.

Chan : Joe, Joe, Joe Stalin?

Joey : Stalin··· Stalin··· do I know that name? That sounds familiar.

Chan : Well, it does not ring a bell with me.

Joey : Joe Stalin. Y'know, that's pretty good.

Chan : [3] You ______ wanna try Joseph.

Joey : Joseph Stalin. [4] I think ______ remember that! Ok. **We'd better** call my stage name Joseph Stalin!

>> 이것만은 꼭

('ring a bell'의 의미는?)

소위 말하는 관용구로서 원래 의미는 '종을 울리다'라는 의미이지만, '생각난다' 혹은 '들어 본 적이 있다'라는 의미로 널리 쓰입니다.

해설

Chan : Joey Papponi 어때?

Joey : 그것도 너무 이국적이야. 에이전트가 내 이름이 좀 더 중립적이었으면 좋겠대.

Chan : (농담으로) Joey Switzerland는?

Joey : 그리고 'Joe'로 하는 게 좋겠어.

Chan : Joe, Joe, Joe Stalin? (웃으면서 소련 공산당 서기장 이름을 댄다)

Joey : (마음에 들어하면서) Stalin이라… Stalin, 내가 아는 이름이야? 많이 들어 본 이름인데.

Chan : (일부러 모르는 척) 글쎄, 난 모르겠는데.

Joey : (노트에 심각하게 적어 보면서) Joe Stalin. 좋은데.

Chan : Joseph으로 하면 어때? (전혀 모르는 척하면서)

Joey : (흐뭇한 웃음을 지으며) Joseph Stalin. 기억하기 쉬울 거야. 그래, 내 배우 이름으로는 Joseph Stalin이라고 부르는 게 낫겠어.

---

* That name doesn't **ring a bell**. : 그 이름은 생각이 안 나요.
* Perhaps, this will **ring a bell**. : 아마도 이거 들어 본 적 있을 거야.

■ **왕초보 실력** 안 들키게 **빈칸** 잡아내기

1 My agent thinks I should have a name **that's** more neutral.

(에이전트가 내 이름이 좀 더 중립적이었으면 좋겠대.)

2 I think it **should** be Joe.

('Joe'로 하는 게 좋겠어.)

3 You **might** wanna try Joseph.

(Joseph으로 하면 어때?)

4 I think **you'd** remember that!

(기억하기 쉬울 거야.)

☆ **강의를 들으시면 좀 더 확실히 리스닝 연습을 하실 수 있습니다.** (강의 다운로드 받는 법 참조)

We'd better :

우리 ~하는 게 낫겠어요

1 We'd better ~

1. 우리 서두르는 게 낫겠어요 ·········· **We'd better** hurry up.
2. 우리 돌아가는 게 낫겠어요 ·········· **We'd better** turn back.
3. 우리 당신의 제안에 대해 상의해 보는 게 낫겠어요
   ·························· **We'd better** talk about your proposal.
4. 우리 그가 무엇을 먹을 수 있는지 물어보는 게 낫겠어요
   ·························· **We'd better** ask him what he can eat.
5. 우리 내일 선생님께 여쭤보는 낫겠어요
   ·························· **We'd better** ask the teacher tomorrow.

[Monica and Rachel's / Monica is there as Phoebe and Rachel enter.]

Rach : Hey.

Phoeb : Hey.

Mon : Hi. Hi, uh, yes, this is Monica Geller. [1] ▒▒ ▒ believe ▒▒ taking some classes ▒▒ you ▒▒ I was wondering what they were.

Phoeb : What are you doing?

Mon : Alright, great. Thanks a lot. I'm going to tap class.

Rach : What, what, [2] so that you can dance with the woman that ▒▒ your credit card?

Mon : I wanna see what she looks like.

Rach : Go to the police station! I'm sure her picture's up!

Mon : [3] ▒▒ ▒▒ got my life, I should get to see who she is.

Rach : Okay, Monica, y'know what, honey, you're kinda losing it here! **You'd better not** face her. I mean, this is really becoming like a weird obsession thing.

('You are losing it'의 의미는?)

'당신은 뭔가를 잃어버리고 있다'라는 이 문장은 회화에서 관용적으로 쓰이는 표현입니다.

Rach : 안녕.

Phoeb : 안녕.

Mon : 어서 와. (어디론가 전화하면서) Monica Geller인데요. 제가 선생님 수업을 듣는데 그게 뭐였는지 궁금해서요.

Phoeb : (Phoebe가 옆에 있다가 묻는다) 뭐 하는 거야?

Mon : (무시하면서) 알겠습니다. 네, 고마워요. (전화를 끊은 후) 나 탭댄스 배울 거야.

Rach : (놀라면서) 네 신용카드를 훔친 여자랑 춤을 배우겠다는 거야?

Mon : 어떻게 생겼는지 보고 싶어.

Rach : (어이없다는 듯이) 경찰서에 가면 사진이 붙어 있을 거야.

Mon : 내 인생을 사는 여자야. 만나 보고 싶어.

Rach : Monica, 정신 좀 차려. 너는 그 여자랑 마주치지 않는 게 나아. 그러다 이상한 편집증으로 발전할 수도 있어.

'이해'를 잃어버리고 있다, 즉 '이해 못 하고 있다'라는 의미로 해석해 주면 됩니다.

* I think **you are losing it**, Mr. : 댁이 이해 못 하고 있는 것 같은데요.

■ **왕초보 실력** 안 들키게 **빈칸** 잡아내기

1 **Um, I** believe **I'm** taking some classes **with** you **and** I was wondering what they were.

(제가 선생님 수업을 듣는데 그게 뭐였는지 궁금해서요.)

2 so that you can dance with the woman that **stole** your credit card?

(네 신용카드를 훔친 여자랑 춤을 배우겠다는 거야?)

3 **This woman's** got my life.

(내 인생을 사는 여자야.)

☆ 강의를 들으시면 좀 더 확실히 리스닝 연습을 하실 수 있습니다. (강의 다운로드 받는 법 참조)

You'd better not :

당신은 ~하지 않는 게 낫겠어요

1 You'd better not ~

1. 당신은 다시는 안 그러는 게 낫겠어요
······························ **You'd better not** do that again.

2. 당신은 그의 조언을 따르지 않는 게 낫겠어요
······························ **You'd better not** follow his advice.

3. 당신은 그에게 말하지 않는 게 낫겠어요
······························ **You'd better not** tell him.

4. 당신은 더 이상 마시지 않는 게 낫겠어요
······························ **You'd better not** drink any more.

5. 당신은 육류를 너무 많이 섭취하지 않는 것이 낫겠어요
······························ **You'd better not** eat so much meat.

[A Tap Class / The girls are standing at the door.]

Teacher : [1]Let's get ▒▒▒. Five, six, a– five six seven eight…

Mon : Okay, [2]I'm not ▒▒▒ this! **I would rather** forget her.

Phoeb : I'm totally getting it!

Mon : [3]Did you ▒▒ ▒▒ ▒▒ sometimes you are just so unbelievably uncoordinated?

Rach : What? You just click when they click.

Teacher : Alright people, now everyone grab a partner.

Phoeb : Okay. And, my dead mother says you are it. I'm with Rachel.

Mon : Great. It's gym class all over again.

Phoeb and Rach : Aww.

>> 이것만은 꼭

('totally'의 의미는?)

회화상에서 부사의 중요성은 매우 큽니다. '**totally**' 또한 회화상에서 매우 많이 사용되는 부사 중 하나입니다. '완전히', '전적으로'라는 의미로 강한 강조의 표현입니다.

해설

Teacher : (춤 동작을 가르치면서 소리친다) 시작합시다. 다섯, 여섯, 다섯, 여섯, 일곱, 여덟…

Mon : (동작을 다 틀리면서) 잘 못하겠어. 차라리 그녀를 그냥 잊는 게 낫겠어.

Phoeb : (이상하게 멋대로 춤추면서) 난 너무 잘하는 거 있지.

Mon : (역시 잘 추고 있는 Rachel을 보면서) 혼자만 못 따라가는 것 같은 기분 들 때 없니?

Rach : 왜? 똑같이 따라하면 돼.

Teacher : (첫 번째 곡이 끝난 후) 좋아요. 모두 파트너를 정해요.

Phoeb : (3명이 서로 파트너로 하려고 모이자) 좋아. 누가누가 좋을까. Rachel이랑 할래.

Mon : (늘 그렇다는 듯이) 그래. 학교 다닐 때 체육 시간 생각난다.

Phoeb and Rach : 미안해.

* I think it's **totally** working. : 이거 완전히 효과 있어.
* She **totally** understands. : 그녀는 완전히 이해했어.
* He is **totally** out of control. : 그는 완전히 통제 불능이야.

■ **왕초보 실력** 안 들키게 **빈칸** 잡아내기

1 Let's get **started**.

(시작합시다.)

2 I'm not **getting** this!

(잘 못하겠어.)

3 Did you **ever feel like** sometimes you are just so unbelievably uncoordinated?

(혼자만 못 따라가는 것 같은 기분 들 때 없니?)

☆ 강의를 들으시면 좀 더 확실히 리스닝 연습을 하실 수 있습니다. (강의 다운로드 받는 법 참조)

I would rather:

차라리 ~하는 게 낫겠어요

1 I would rather ~

1. 차라리 시골에서 사는 게 낫겠어요 ········· **I'd rather** live in the country.
2. 차라리 진실을 말하는 게 낫겠어요 ········ **I'd rather** tell the truth.
3. 차라리 가지 않는 게 낫겠어요 ··············· **I'd rather** not go.
4. 차라리 파티에 참석하지 않는 게 낫겠어요 ··· **I'd rather** not attend the party.
5. 차라리 너무 많은 고기는 먹지 않는 게 낫겠어요 ·· **I'd rather** not have so much meat.

[A Tap Class / Monica is standing alone.]

Teacher : Well that's all right, you can come up to the front and dance with me.

Mon : [1] **I'd rather** take my clothes ___ here **than** step ___ to the front.

Woman : It's okay, it's okay, I'm here, I'm here. Sorry I'm late, okay, here I am. [2] ______ the new tense girl?

Teacher : She's your partner.

Woman : Hi. I'm Monica.

Mon : Oh. Monica! Hi. I'm Mo··· nana.

Woman : Monana?

Mon : Yeah. It's Dutch.

Fake Monica : You're kidding! [3] I ______ three years in Amsterdam.

Mon : Um, Pennsylvania Dutch.

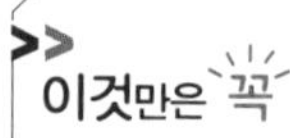

('here I am'의 의미는?)

일반적인 문장의 순서는 '주어+동사'가 정상적인 어순이나, '**Here I am**'처럼 예외적으로 부사를 강조하기 위해 문장 앞에 쓰는 경우가 있습니다. 의미는 주로

해설

Teacher : 괜찮아요. 그쪽 분은 앞으로 나와서 저랑 춰요.

Mon : (앞으로 억지로 나가면서 혼잣말로) 저 앞에 나가는 것보다 차라리 여기서 옷 홀딱 벗는 게 낫겠네. (그때 갑자기 한 여자가 허겁지겁 들어온다)

Woman : 괜찮아요, 저 왔습니다. 늦어서 죄송해요. 저 왔어요. 잔뜩 긴장하신 이 분은 누구죠?

Teacher : 당신 파트너예요.

Woman : Monica라고 해요.

Mon : (당황하면서) Monica. 안녕, 난 Mo··· nana예요.

Woman : Monana?

Mon : 네덜란드인이죠.

Fake Monica : 정말요? 저 3년 동안 암스테르담에 있었어요.

Mon : Pennsylvania계예요.

'나 여기 왔어', '너 거기 있구나' 등의 의미를 강조할 때 사용합니다.

* **Here I am**. I heard you looked for me. : 나 여기 있어. 나 찾았다며.

* Now **here I am**, 10 years later. : 10년 후에 나는 이 자리에 있다.

1 I'd rather take my clothes **off** here than step **up** to the front.

(저 앞에 나가는 것보다 차라리 여기서 옷 홀딱 벗는 게 낫겠네.)

2 **Who's** the new tense girl?

(잔뜩 긴장하신 이 분은 누구죠?)

3 I **spent** three years in Amsterdam.

(저 3년 동안 암스테르담에 있었어요.)

☆ 강의를 들으시면 좀 더 확실히 리스닝 연습을 하실 수 있습니다. (강의 다운로드 받는 법 참조)

I'd rather A than B :

나는 B보다 A가 더 좋아요

1 I'd rather A than B ~

1. 나는 말하는 것보다 듣는 게 더 좋아요 ········ **I'd rather** listen **than** talk.
2. 나는 뛰는 것보다 걷는 게 더 좋아요 ·········· **I'd rather** walk **than** run.
3. 나는 비행기 타는 것보다 운전해서 가는 게 더 좋아요 ································· **I'd rather** drive **than** fly.
4. 나는 오늘 보다 내일 스키 타러 가는 게 더 좋아요 ························· **I'd rather** go skiing tomorrow **than** today.
5. 나는 외국 가는 것 보다 여기 머무르는 게 더 좋아요 ························· **I'd rather** stay here **than** go abroad.

sure 패턴

175 ~ 179 강

[Central Perk / Phoebe, Monica, and Rachel enters.]

Phoeb : Hey. [1] We ______ her, we ______ the girl.

Chan : What? Did you call the cops?

Rach : Nope. [2] We ______ her to lunch.

Ross : What? Are you insane? This woman stole from you. She stole. She's a stealer.

Mon : Y'know what? After you're with this woman for like ten minutes, you forget all that. I mean, she is this astounding person, with this, with this amazing spirit.

Ross : Yeah, which she probably stole from some cheer-leader.

Joey : You know there already is a Joseph Stalin?

Chan : You're kidding.

Joey : Apparently he was this Russian dictator. [3] **I'm sure you ______ known that!**

Chan : Hey, how about Joey Heatherton?

('apparently'의 의미는?)

회화에서 가장 많이 쓰이는 표현 중 하나로 의미는 '명백히', '분명히'의 의미입니다. 속뜻은 '겉으로 보아하니'라는 의미가 들어가 있음을 알아 두세요.

해설

Phoeb : (집에 들어오면서) 안녕. 우리, Monica 사칭녀 찾았어.

Chan : 뭐? 경찰에 신고했어?

Rach : 아니, 점심 같이 먹었어.

Ross : (어이없다는 듯이) 무슨 소리야? 그 여자는 네 인생을 훔쳤어. 빼앗아 갔어, 도둑이라고!

Mon : 10분만 같이 있어 보면 그런 생각 싹 잊힐 거야. 정말 굉장한 사람이야. 얼마나 활기찬지 몰라!

Ross : 그렇겠지, 치어리더한테 훔쳐왔을 테니까.

(그때 씩씩거리면서 Joey가 들어온다)

Joey : Joseph Stalin이란 사람이 있대.

Chan : 설마.

Joey : 사람들을 마구 죽인 러시아 독재자 이름이래. 너 분명히 그 전에 알고 있었을 거라고 확신해!

Chan : (시치미를 떼면서) 야, 그럼 Joey Heatherton 어때?

* **Apparently** I can do it. : 보아하니, 나는 그것을 할 수 있어.
* **Apparently** they fell out of love. : 분명히 걔네들 사랑이 식었어.
* **Apparently** they don't even know each other. : 분명히 그들은 심지어 서로 몰라.

■ **왕초보 실력** 안 들키게 **빈칸** 잡아내기

1 We **found** her, we **found** the girl.

(우리, Monica 사칭녀 찾았어.)

2 We **took** her to lunch.

(점심 같이 먹었어.)

3 I'm sure you **would've** known that!

(너 분명히 그 전에 알고 있었을 거라고 확신해!)

☆ **강의를 들으시면 좀 더 확실히 리스닝 연습을 하실 수 있습니다.** (강의 다운로드 받는 법 참조)

I am sure that :

~라고 확신해요

1 I am sure that ~

1. 당신이 맞다고 확신해요 ············ **I'm sure that** you are right.
2. 그게 사실이라고 확신해요 ·········· **I'm sure that** it is true.
3. 그는 올 거라고 확신해요 ············ **I'm sure that** he will be here.
4. 그가 시험에 합격할 것으로 확신해요
   ························· **I'm sure that** he will succeed in the exam.
5. 열쇠를 탁자에 두고 온 것으로 확신해요
   ························· **I'm sure that** I left my keys on the table.

[Monica and Rachel's / Rachel is dusting. Monica bursts in, obviously drunk.]

Mon : Yo– hooo!

Rach : Where the hell have you been?

Mon : Monica and I just crashed an embassy party. I think I kissed an archbishop.

Rach : [1]Are you ______?

Mon : No!

Rach : Are you sure?

Mon : I'm lying. I am so drunk.

Rach : Oh God, oh. [2]Great, Monica, y'know what, you ______ called, I have been up here, I've been worried… Okay, look, the restaurant called, they wanna know if you're gonna be showing up for work?

Mon : Nope. Going to the Big Apple Circus today.

Rach : Okay Monica, what are you doing? You're gonna lose your job! This is not you!

Mon : No, it is me! Y'know, [3]I'm not the same person ______ I ______ to be! Y'know, when I'm with her, I am so much more. I'm– I'm Monana!

Rach : Hello? hold on a second. Monana, it's for you, the credit card people.

Mon : Hello? Yeah. Oh my God. Thanks.

Rach : What?

Mon : They've arrested Monica.

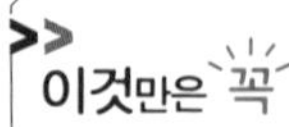

('I'm lying'의 의미는?)

'lie'라는 동사에 대해 정리해 놓읍시다. 두 가지의 의미로 '거짓말하다'와 '눕다'라는 의미가 있습니다.

해설

Mon : (비틀거리며 들어오면서) 야호!

Rach : 도대체 어디 갔다 오는 거야?

Mon : 모니카랑 대사관 파티에 쳐들어갔지. 대주교한테 뽀뽀도 했어.

Rach : 취한 거야?

Mon : 아니.

Rach : 확실해?

Mon : (Rachel에게 기대듯이) 거짓말이고, 사실은 엄청 취했어.

Rach : 맙소사. Monica, 전화라도 했어야지. 얼마나 걱정했는데… 레스토랑에서 또 전화 왔어. 출근할 건지 알고 싶대.

Mon : 아니, 서커스에 갈 거거든.

Rach : 왜 이러는 거야? 이러다 직장 잘리겠어. 너답지 않아.

Mon : 아니, 이게 나야. 예전의 그런 사람이 아냐. 모니카랑 있으면 난 전혀 다른 사람이 돼. (뿌듯하다는 듯이 가슴을 펴고) 난 Monana라구!

(갑자기 전화벨이 울리고, Rachel이 전화를 받는다)

Rach : 여보세요. 잠깐만요. (일부러 큰 소리로) Monana, 전화야. 카드사야.

Mon : 여보세요. 네. 이런! 알았어요.

Rach : 뭐래?

Mon : Monica가 체포됐대.

• **lie–lied–lied** : 거짓말하다 / • **lie–lay–lain** : 눕다

* I'm **lying** on the floor of my room. : 나는 내 방 바닥에 누워 있어.

* Do you think I'm **lying**? : 너 내가 거짓말하고 있는 것 같아?

■ **왕초보 실력** 안 들키게 **빈칸** 잡아내기

1 Are you **drunk**?

(취한 거야?)

2 Great, Monica, y'know what, you **could've** called, I have been up here, I've been worried

(Monica, 전화라도 했어야지. 얼마나 걱정했는데.)

3 I'm not the same person **who** I **used** to be!

(예전의 그런 사람이 아냐.)

☆ 강의를 들으시면 좀 더 확실히 리스닝 연습을 하실 수 있습니다. (강의 다운로드 받는 법 참조)

Are you sure (that):

~한 거 확실해요?

1 Are you sure (that) ~

1. 그가 온다는 게 확실해요? ·········· **Are you sure** he is coming?
2. 당신이 한 거 확실해요? ············ **Are you sure** you did that?
3. 여기 머물고 싶다는 거 확실해요? ··· **Are you sure** you want to stay here?
4. 당신 괜찮은 거 확실해요? ·········· **Are you sure** you don't mind?
5. 어떤 도움도 필요 없다는 거 확실해요?
································ **Are you sure** you don't need any help?

[New York City Department of Correction / Monica is visiting Fake Monica.]

Mon : Hi.

Fake Monica : Hey.

Mon : How are you?

Fake Monica : I'm not too bad. Fortunately, blue's my colour. How, how did you know I was here?

Mon : Because… I'm Monica Geller. It was my credit card you were using.

Fake Monica : I was not expecting that.

Mon : I want you to know, [1]it ______ me who ______ you in.

Fake Monica : Oh. Thanks.

Mon : No, thank you! You have given me so much! I just can't believe you're in here. I mean, what am I gonna do without you? Who's gonna crash the embassy parties with me? Who's gonna take me to the Big Apple Circus?

Fake Monica : Monica, [2]I started my day ___ peeing ___ front ___ other women, [3]___ you're worried ___ who's gonna take you ___ the Big Apple Circus?

Mon : Well, not… worried, just… wondering. **I'm not sure of a lot of things.**

Fake Monica : There's nothing to wonder about, Monica. You're gonna go back to being exactly who you were, because that's who you are.

Mon : Not necessarily.

Fake Monica : Yes necessarily!

('expect'의 의미는?)

'기대하다', '예상하다'라는 의미의 동사로서 회화상에서 많이 쓰이는 동사입니다. 사용되는 형태를 정리해 놓읍시다.

해설

Mon : (Monica 사칭녀가 면회실로 들어오자) 안녕.

Fake Monica : 안녕.

Mon : 어때?

Fake Monica : 나쁘진 않아. (수형복을 가리키면서) 난 파란색을 좋아하거든. 나 여기 있는 거 어떻게 알았어?

Mon : 내가 Monica Geller야. 네가 쓰고 다닌 거 내 신용카드였거든.

Fake Monica : 전혀 상상도 못했던 일인걸.

Mon : 내가 신고한 게 아니란 것만 알아 줘.

Fake Monica : 고맙네.

Mon : 아니야, 내가 고맙지. 넌 나한테 많은 걸 줬어. 네가 체포되다니··· 너 없이 난 뭘 하지? 대사관 파티엔 누가 데려가 주고, 서커스엔 누가 데려가 주지?

Fake Monica : Monica, 난 여자들 앞에서 오줌 눠야 할 판인데 넌 서커스에 누가 데려다주나 그 걱정이나 하고 있니?

Mon : 걱정은 아니라 그냥··· 궁금해서. 나는 많은 것들에 대해 확신이 없어.

Fake Monica : 그렇게 생각할 거 없어. Monica. 넌 과거의 바로 너로 돌아가는 거야. 그게 진짜 너니까.

Mon : 그럴 필요 없어.

Fake Monica : 필요 있어.

---

* Don't **expect** too much of me. : 나에 대해 너무 기대하지 마.

* I didn't **expect** you back so soon. : 네가 이렇게 빨리 돌아올 줄 예상도 못 했어.

* I'm **expecting** a telephone call. : 전화 기다리고 있어요.

■ **왕초보 실력** 안 들키게 **빈칸** 잡아내기

1 it **wasn't** me who **turned** you in.

(내가 신고한 게 아니란 것만 알아줘.)

2 I started my day **by** peeing **in** front **of** other women

(난 여자들 앞에서 오줌 눠야 할 판인데)

3 **and** you're worried **about** who's gonna take you **to** the Big Apple Circus?

(넌 서커스에 누가 데려다주나 그 걱정이나 하고 있니?)

☆ 강의를 들으시면 좀 더 확실히 리스닝 연습을 하실 수 있습니다. (강의 다운로드 받는 법 참조)

I am not sure of :

~를 잘 모르겠어요

1 I am not sure of ~

1. 치수를 잘 모르겠어요 ··················· **I am not sure of** the size.
2. 정확한 날짜를 잘 모르겠어요 ·········· **I am not sure of** the exact date.
3. 그것의 가격을 잘 모르겠어요 ·········· **I am not sure of** the cost of it.
4. 그의 의도를 잘 모르겠어요 ············· **I am not sure of** his intention.
5. 그것의 목적을 잘 모르겠어요 ·········· **I am not sure of** the purpose of it.

178

[Central Perk / Friends are sitting around the table.]

Ross : Phoebs, what are you doing?

Phoeb : I'm looking for short-term-work. You know, until I get back some of my massage clients.

Chan : Pirates again?

Phoeb : No, [1]nothing ___ that. I was ___ such a dummy. [2]I taught this "massage-yourself-at-home-workshop." ___ they are.

Joey : Hey, hey, Chan. She could work for you.

Chan : Thanks Joey, that's a good idea.

Phoeb : What? I could, I could do it. What is it?

Chan : [3]Well, my secretary is gonna be ___ ___ a couple of weeks.

Phoeb : I could be a secretary.

Chan : Well, you know Phoebs. **I'm not sure if** it's your kinda thing, because it involves a lot of being normal.

Phoeb : I could do that.

Rach : What are you playing with?

Ross : Oh, it's my new beeper. It's for when Carol goes into labor. She can get me wherever I am. I mean, all she has to do is to dial 55-JIMBO.

Chan : A cool phone number, and a possible name for the kid.

('until'의 의미는?)

'~할 때까지'라는 의미로서 시간적인 순서를 의미합니다. **before**와 구분할 것.

- **before** : 시간적으로 먼저 일어나는 사건이나 상황을 의미

해설

Ross : (신문에서 열심히 구직란을 보고 있는 Phoebe를 보면서) Phoebe, 대체 뭐 하니?

Phoeb : 잠깐 동안만 할 일 구하고 있어. 마사지 일을 얻을 때까지만.

Chan : 또 불법으로 해?

Phoeb : 아니, 그거와는 달라. 나 진짜 멍청한 거 있지. '가정에서 할 수 있는 마사지법'을 가르쳤더니 사람들이 안 오네.

Joey : (Chandler를 툭 치면서) 사무실에서 사람 구한다며?

Chan : (쓴웃음을 지으며) 고맙다, 기억력도 좋지!

Phoebe : 뭐? 나 할 수 있어. 뭔데?

Chan : 내 비서가 2주간 휴가를 냈어.

Phoeb : 나 비서 할 수 있어.

Chan : 글쎄, 우리 일은 아주 정상적인 거라서 너에게 맞을지 잘 모르겠네.

Phoeb : 할 수 있어.

Rach : (Ross 호주머니에서 삐삐가 울리자) 그거 뭐야?

Ross : 호출기 샀어. 이건 Carol이 분만할 때를 위해서야. 내가 어디에 있든지 부를 수 있지. 호출만 하면 돼, 55-JIMBO!

Chan : 번호 좋다. 그걸 애 이름으로 해.

- **until** : 다음 순서가 발생될 때까지 지속되는 상황을 의미

* I have seen him before. : 나는 전에 그를 본 적이 있어.

* I didn't even speak **until** I was four. : 나는 4살이 될 때까지 말조차 못 했어.

■ **왕초보 실력** 안 들키게 **빈칸** 잡아내기

1 nothing **like** that. I was **just** such a dummy.

(그거와는 달라. 나 진짜 멍청한 거 있지.)

2 I taught this "massage-yourself-at-home-workshop." **And** they are.

('가정에서 할 수 있는 마사지법'을 가르쳤더니 사람들이 안 오네.)

3 Well, my secretary is gonna be **out for** a couple of weeks.

(내 비서가 2주간 휴가를 냈어.)

☆ **강의를 들으시면 좀 더 확실히 리스닝 연습을 하실 수 있습니다.** (강의 다운로드 받는 법 참조)

I am not sure if :

~인지 잘 모르겠어요

1 I am not sure if ~

1. 이번 일을 할 수 있을지 잘 모르겠어요 ·· **I am not sure if** I can do this.
2. 그녀가 한국 사람인지 잘 모르겠어요 ··· **I am not sure if** she is Korean or not.
3. 그게 맞는지 잘 모르겠어요 ············ **I am not sure if** that is true or not.
4. 이 건에 대해 동의할 수 있는지 잘 모르겠어요 ·· **I am not sure if** I agree with that.
5. 그것을 말해야 하는지 잘 모르겠어요 ··· **I am not sure if** I should say it.

[Chandler's office / Chandler and Phoebe are there when the phone starts ringing.]

Chan : Can you hear that?

Phoeb : Yeah?

Chan : [1] See ______ stop when you pick up the phone.

Phoeb : Oh. Uh, I'm on.

Phoeb : Mr. Bing's office. No I'm sorry, he's in a meeting right now.

Chan : I'm not in a meeting. I'm right… Whoops.

Phoeb : [2] ______ know ______ this is in reference to? And he has your number? All right, [3] ______ see that he ______ the message. Bye bye.

Chan : What?

Phoeb : Ross says hi. This is so fun. All right, what do we do now?

Chan : Well, now, I actually have to get to work. **Make sure to** bring me my letters.

Phoeb : Okay, I'm gonna be out there. Bye bye.

Chan : Bye bye.

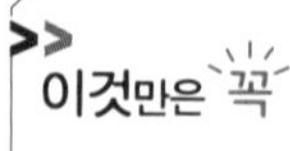

('in reference to'의 의미는?)

'~대해 참고하여'라는 의미인데, 주로 회화상에서는 '~건으로'라고 해석하면 됩니다.

Chan : (전화가 울리는데, 안 받고 있는 Phoebe에게) 들리니?

Phoeb : 들리지.

Chan : 네가 받으면 소리가 안 나.

Phoeb : 어머나, 받아야지.

Phoeb : (느끼한 목소리로) Bing 사무실입니다. 죄송하지만, 회의 중이신데요.

Chan : 뭔 회의, 나 여기…

Phoeb : Bing 씨도 알고 있죠? 그쪽 번호도 아시죠? 메시지를 전해 드리죠. (느끼한 목소리로) 바이 바이.

Chan : 뭐야?

Phoeb : Ross 안부 전화야! 이거 재밌다. 이제 뭘 하면 되니?

Chan : 난 이제 일해야 돼. 내 앞으로 온 편지 좀 꼭 가져다주고.

Phoeb : 그럼 나가 있을게. (느끼한 목소리로) 바이 바이.

Chan : 바이 바이.

---

* I'm calling **in reference to** next Monday's meeting. : 다음 주 월요일 회의 건으로 전화했어요.
* I'm writing **in reference** to your letter. : 당신의 편지 건으로 이 글을 쓰고 있어요.

■ **왕초보 실력** 안 들키게 **빈칸** 잡아내기

1 See **that'll** stop when you pick up the phone.

(네가 받으면 소리가 안 나.)

2 **Will he** know **what** this is in reference to?

(Bing 씨도 알고 있죠?)

3 **I'll** see that he **gets** the message.

(메시지를 전해 드리죠.)

☆ 강의를 들으시면 좀 더 확실히 리스닝 연습을 하실 수 있습니다. (강의 다운로드 받는 법 참조)

Be/Make sure to :

꼭 ~하세요

1 Be/Make sure to ~

1. 꼭 제 편지에 답해 주세요 ········ **Be sure to** answer my letter.
2. 꼭 떠나기 전에 문 잠그세요 ····· **Be sure to** lock the door before you leave.
3. 꼭 당신 여동생 데리고 오세요 ··· **Make sure to** bring your sister.
4. 꼭 다시 일어나지 않게 하세요 ··· **Make sure** it doesn't happen again.
5. 꼭 실수 없게 하세요 ············· **Make sure** there's no mistake.

1. 당신은 좀 진정하는 게 낫겠어요.

2. 우리 서두르는 게 낫겠어요.

3. 당신은 그의 조언을 따르지 않는 게 낫겠어요.

4. 차라리 파티에 참석 안 하는 게 낫겠어요.

5. 나는 외국 가는 것보다 여기 머무르는 게 더 좋아요.

정답+
1. **You'd better** take it easy.
2. **We'd better** hurry up.
3. **You'd better not** follow his advice.
4. **I'd rather** not attend the party.
5. **I'd rather** stay here **than** go abroad.

6. 열쇠를 탁자에 두고 온 게 확실해요.

---

7. 당신이 한 거 확실해요?

---

8. 정확한 날짜를 잘 모르겠어요.

---

9. 그게 맞는지 잘 모르겠어요.

---

10. 꼭 떠나기 전에 문 잠그세요.

정답 ⁺
6. **I'm sure that** I left my keys on the table.
7. **Are you sure** you did that?
8. **I am not sure of** the exact date.
9. **I am not sure if** that is true or not.
10. **Be sure to** lock the door before you leave.

Is it 패턴

180 ~ 182 강

[Central Perk / Joey and Ross are there.]

Ross : Oh, oh. Oh, oh. Oh this is it. Oh my god it's baby time. Baby time.

Joey : All right, relax, relax. Just relax, just relax. Be cool, be cool.

Ross : Yeah, hi, [1]I was just ______. No, Andre is not here. **Is it true** that you have the right number? Third time today. Yes, I'm sure··· No, sir. [2]I do not perform ______ kind of services.

Joey : Services? Oh, services.

Ross : Yeah, you want 55–JUMBO. Yeah, that's right. That's right, JUMBO with a U, sir. No, believe me, you don't want me. [3]Judging ___ his number, ___ be a huge disappointment. All rightie, bye bye.

>> 이것만은 꼭

('perform'의 의미는?)

'공연하다', '수행하다', '실시하다'라는 의미의 동사로서 회화상에서 많이 쓰이는 동사입니다. 사용되는 형태를 정리해 놓읍시다.

해설

(삐삐가 울리자, Ross가 소리친다)

Ross : 이런! 왔다! 애가 나온다, 나온다!

Joey : 진정해, 진정해. 진정하라구!

(Ross가 전화를 건다)

Ross : (수화기에 대고) 안녕! 호출 받았어. (잠시 듣다가) 아뇨, Andre가 아니에요. 맞게 전화 걸었다는 게 사실인가요? (Joey를 바라보며) 오늘만 세 번째야. (수화기에 대고) 네, 그래요. 선생님, 저는 그런 서비스는 안 합니다.

Joey : 서비스? (짐작하겠다는 듯이 싱긋 웃으며) 서비스!

Ross : 55-점보를 누르셨죠? 네, 그래요. 맞아요, 점보는 U가 들어가죠. 절 믿으세요. 저는 당신 타입이 아니에요. 그의 전화번호로 짐작컨대, 저는 크게 실망되실 거예요. 괜찮아요, 바이 바이.

---

* Her dream is to **perform** music. : 그녀의 꿈은 음악을 연주하는 것이야.
* I **perform** a public service. : 나는 공익 사업을 수행한다.

■ **왕초보 실력** 안 들키게 **빈칸** 잡아내기

1 I was just **beeped**. No, Andre is not here.

(호출 받았어. 아뇨, Andre가 아니에요.)

2 I do not perform **those** kind of services.

(저는 그런 서비스는 안 합니다.)

3 Judging **by** his number, **I'd** be a huge disappointment.

(그의 전화번호로 짐작컨대, 저는 크게 실망되실 거예요.)

☆ **강의를 들으시면 좀 더 확실히 리스닝 연습을 하실 수 있습니다.** (강의 다운로드 받는 법 참조)

Is it true (that):

~한다는 게 사실인가요?

1 Is it true (that) ~

1. 여자 친구 생겼다는 게 사실인가요? ·· **Is it true that** you got a girlfriend?
2. 그녀가 떠난다는 게 사실인가요? ····· **Is it true that** she's leaving?
3. 곧 은퇴한다는 게 사실인가요? ······ **Is it true that** you're retiring soon?
4. 다른 직업을 찾고 있다는 것이 사실인가요?
··························· **Is it true that** you are looking for another job?
5. 당신 둘이 결혼한다는 게 사실인가요?
··························· **Is it true that** you guys are getting married?

[Central Perk / Phoebe and Chandler enter.]

Joey : Hey, hey. How was the first day?

Phoeb : Oh, excellent. Everyone was so, so nice.

Chan : See, [1] it ____ ____ know the man who ____ my shoes. Me!

Phoeb : No, I didn't tell anybody that I knew you.

Chan : Why not?

Phoeb : Oh, because, you know… they don't like you.

Chan : What?

Phoeb : [2] I ____ you ____ that.

Chan : No. Who doesn't like me?

Phoeb : Everyone. Don't feel bad. Uhm… **Is it okay** if I tell you why? You know they used to like you a lot. But then you got promoted, and, you know, now you're like "Mr. Boss Man". You know, Mr. Bing. Mr. Bing, "Boss Man Bing".

Chan : I can't believe it.

Phoeb : Yeah, yeah. They even do you.

Chan : They do me?

Phoeb : You know like… uh okay… uh… [3] 'Could ____ report be any later?'

Chan : [4] I don't ____ like that.

Ross, Joey : Oh… Yeah, you do.

>> 이것만은 꼭

('promote'의 의미는?)

'승진시키다'라는 의미의 동사로서 회화상에서 많이 쓰이는 동사입니다.
'~시키다'라는 의미이므로 주로 '수동형'으로 많이 쓰입니다.

Joey : (Phoebe가 들어오자 묻는다) 어서들 와! 첫 출근 어땠어?

Phoeb : 아주 좋았어. 사람들이 참 좋아.

Chan : (으쓱대며) 당연하지. 누가 밥그릇을 쥐고 있는지 알고 있는 것도 득이 되지. 나야!

Phoeb : 아니, 네 친구라고 아무에게도 말 안 했어.

Chan : 왜?

Phoeb : 왜냐하면… 사람들이 너를 싫어하거든.

Chan : (놀란 표정으로) 뭐?

Phoeb : 너도 알 줄 알았는데?

Chan : 아니. 누가 날 싫어해?

Phoeb : 모두 다. 기분 상할 거 없어. 내가 너한테 이유를 다 말해도 되나? 전에는 다 좋아했었대. 그런데 네가 승진하고 나서 너무 보스 티를 낸다는 거야. 보스! Bing 상사 노릇!

Chan : 그럴 리 없어!

Phoeb : 맞아, 직원들이 심지어 흉내도 내던데.

Chan : 내 흉내를?

Phoeb : 응, 이렇게. 그 보고서는 나중에 보옵시다.

Chan : 난 그렇게 안 해.

Ross, Joey : 똑같네.

* I was **promoted** in my work. : 나 직장에서 승진했어.

* I got **promoted** to a manager. : 나 부장으로 승진했어.

■ **왕초보 실력** 안 들키게 **빈칸** 잡아내기

1 it **pays to** know the man who **wears** my shoes. Me!

(누가 밥그릇을 쥐고 있는지 알고 있는 것도 득이 되지. 나야!)

2 I **thought** you **knew** that.

(너도 알 줄 알았는데?)

3 'Could **that** report be any later?'

(그 보고서는 나중에 보옵시다.)

4 I don't **sound** like that.

(난 그렇게 안 해.)

☆ **강의를 들으시면 좀 더 확실히 리스닝 연습을 하실 수 있습니다.** (강의 다운로드 받는 법 참조)

Is it okay :

~해도 되나요?

1 Is it okay ~

1. 여기에 주차해도 되나요? ········ **Is it okay** to park here?
2. 근무 시간에 당신 회사에 전화해도 되나요?
······················· **Is it okay** to call your office during working hours?
3. 나 이 책 좀 빌려 가도 되니? ····· **Is it okay** if I borrow this book?
4. 여기에 제 가방 좀 둬도 될까요? ·· **Is it okay** if I leave my bags here?
5. 파티에 친구 데려가도 될까요? ·· **Is it okay** if I bring my friend to the party?

[Monica enters, wearing a walkman, so she doesn't hear what the others say.]

Ross, Rach, and Phoeb : Hey, Mon.

Rach : [1] Mon, Ethan ▒▒▒ again. Mon?

All : Mon!

Mon : What?

Rach : Ethan called again.

Mon : Oh.

Ross : Are you not seeing him anymore?

Mon : No. You know, sometimes things just don't work out.

Chan : And [2] this ▒▒ nothing to do ▒▒ the fact ▒▒ he needs a note to get out of gym.

Rach : I, I didn't say any··· I sw··· [3] I did not say anything, I ▒▒▒. He ▒▒▒ by.

Joey : Listen, the next time you talk to him, can you ask him which one the strongest Power Ranger is?

Mon : **Is it possible** that somebody's life could be so amusing? Yeah, my life is so amusing. O.K, can we drop it now?

Joey, Chan, and Ross : Sorry.

Ross : It's morphine time!

Joey : Stegosaurus!

Chan : Tyrannosaurus!

('**drop it**'의 의미는?)

회화상에서 흔히 하는 표현이 '**drop it**' 혹은 '**stop it**'입니다. 상대방의 말에 대해 중단을 원하는 표현입니다. 원래의 뜻과 구별해서 알아 둡시다.

Ross, Rach, and Phoeb : 안녕, Monica.

Rach : Mon, Ethan이 다시 전화했어. Mon? (못 듣고 그냥 방으로 들어간다)

All : (모두 큰 소리로) Mon!

Mon : (Monica가 이어폰을 빼면서 말한다) 뭐라고?

Rach : Ethan이 다시 전화했다고.

Mon : (시큰둥하게 반응하면서) 아.

Ross : 너 그 애랑 더는 안 만나?

Mon : 응. 있지, 가끔 일이란 건 틀어질 때도 있는 거야.

Chan : 그리고, 이건 그 애가 체육 시간에 불참 사유서 필요하게 된 사실과 관련 없지?

(Monica가 Rachel을 흘겨본다)

Rach : 난 아무 말도 안 했어. 정말 안 했어. 맹세코. 그냥 그 애가 들렀었다고.

Joey : 있잖아, 다음에 만나면 물어봐줘. 가장 센 파워 레인저가 누군지.

Mon : (비꼬면서) 다른 사람 인생이 이렇게 신날 수 있을까? 그래, 나는 아주 신나 죽겠어. (화를 내며) 알았으니까, 이제 그만 좀 할래?

Joey, Chan, and Ross : 미안해.

Ross : (갑자기 두 손을 겹치며) 변신 개시!

Joey : 스테고사우루스!

Chan : 티라노사우루스!

(두 손을 겹치면서 변신 흉내를 낸다.)

* I **drop it** in the water. : 나는 물 속에 그것을 떨어뜨렸어.

* Will you just **drop it**, please? : 제발 좀 그만둘래?

■ **왕초보 실력** 안 들키게 **빈칸** 잡아내기

1 Mon, Ethan **called** again. Mon?

(Mon, Ethan이 다시 전화했어. Mon?)

2 this **has** nothing to do **with** the fact **that** he needs a note to get out of gym.

(이건 그 애가 체육 시간에 불참 사유서 필요하게 된 사실과 관련 없지?)

3 I did not say anything, I **swear**. He **stopped** by.

(난 아무 말도 안 했어. 정말 안 했어. 맹세코. 그냥 그 애가 들렀었다고.)

☆ **강의를 들으시면 좀 더 확실히 리스닝 연습을 하실 수 있습니다.** (강의 다운로드 받는 법 참조)

Is it possible

~하는 게 가능할까요? / ~할 수 있을까요?

1 Is it possible ~

1. 그녀를 다시 만날 수 있을까요? ·· **Is it possible** to see her again?
2. 이틀 더 머물 수 있을까요? ······ **Is it possible** to stay two more days?
3. 돈 없이 살 수 있을까요? ········ **Is it possible** to live without money?
4. 그 경기 입장권을 구할 수 있을까요?
······················ **Is it possible** to get tickets for the game?
5. 다음 25일까지 회의를 미룰 수 있을까요?
······················ **Is it possible** to put off our meeting until the 25th?

It's 패턴

183 ~ 188 강

[Monica and Rachel's / Phoebe is leaving.]

Rach : Where are you going?

Phoeb : Um, oh, I've got a birthday party with some work people.

Chan : Work people? [1] Nobody ____ me.

Phoeb : No, I know. **It's just that** it's a part of the whole, you know, them–not–liking–you–extravaganza.

Chan : You know, I don't get this. A month ago, these people were my friends. You know, I mean, the fact that I'm in charge doesn't mean I'm a different person.

Phoeb : Well, then you should come tonight. You know, just hang out with them. [2] Let ____ see what a great guy you ____ ____.

Chan : You think I should?

Phoeb : I really do, yeah.

Chan : Okay.

Phoeb : Okay.

Chan : Okay.

Phoeb : Oh, but, [3] could we ____ go together? I, I don't wanna be the geek that ____ the boss.

>> 이것만은 꼭

('in charge'의 의미는?)

'~를 맡은', '~를 담당하고 있는'의 관용적인 표현입니다.

해설

Rach : (외출하려는 Phoebe에게 묻는다) 어디 가?

Phoeb : 직장 동료들하고 생일 파티 해야 해.

Chan : (당황한 반응을 하며) 직장 동료? 난 모르는데!

Phoeb : 아무도 말 안 했어. 그냥 단지 널 좋아하지 않는 사람들끼리 모여서 노는 거니까.

Chan : 아, 이해가 안 돼. 한 달 전엔 모두 내 친구였어. 내가 윗자리로 간 게 내가 딴사람이 된 건 아니잖아.

Phoeb : 그럼 오늘 같이 가서 함께 즐겨 봐. 네가 아직도 괜찮은 사람이라는 걸 보여 줘.

Chan : 그렇게라도 해야 할까?

Phoeb : 그게 좋아, 그래.

Chan : 좋아.

Phoeb : 그래.

Chan : 그래.

Phoeb : 아, 근데 따로 가는 게 어떨까? 상사를 초대한 눈치 없는 녀석이 되기는 싫거든.

* I am **in charge** of the Export Department. : 저는 수출부를 담당합니다.
* Who is **in charge** of advertising? : 누가 광고를 담당하고 있나요?
* I am not **in charge** of this report. : 저는 이 보고서 담당이 아니에요.

■ **왕초보 실력** 안 들키게 **빈칸** 잡아내기

1 Nobody **told** me.

(난 모르는데!)

2 Let **them** see what a great guy you **still are**.

(네가 아직도 괜찮은 사람이라는 걸 보여줘.)

3 could we **not** go together? I don't wanna be the geek that **invited** the boss.

(따로 가는 게 어떨까? 상사를 초대한 눈치 없는 녀석이 되기는 싫거든.)

☆ **강의를 들으시면 좀 더 확실히 리스닝 연습을 하실 수 있습니다.** (강의 다운로드 받는 법 참조)

It's just (that):

단지 ~일 뿐이에요

1 It's just (that) ~

1. 단지 그건 핑계일 뿐이에요 ·········· **It's just** an excuse.
2. 단지 그건 시간 낭비일 뿐이에요 ···· **It's just** a waste of time.
3. 단지 그건 시작일 뿐이에요 ·········· **It's just** the beginning.
4. 단지 제가 이해가 안 될 뿐이에요 ··· **It's just that** I don't understand it.
5. 단지 우리에게 약간 문제가 있는 것뿐이에요
························· **It's just that** we may have a little problem.

[Chandler's office / Chandler and Phoebe are taking a break from work.]

Chan : I Think last night was great. You know, the Karaoke thing. Tracy and I doing Ebony and Ivory.

Phoeb : You were great. [1] But they still ____ fun of you.

Chan : What?

Phoeb : You know, now [2] you're ____ like, you know like, "Mr. Caring Boss," "Mr.", you know, "I'm one of you, Boss," "Mr., I wanna be your buddy, Boss Man Bing!"

Chan : Then, I don't get it.

Phoeb : Well, you know what? Chandler, [3] I think ____ gotta ____ it. You're like, the guy in the big office, you know. You're the one that hires and fires them. But, **it is still said that** you're a great boss.

Chan : They do?

Phoeb : Uh huh. But they're not your friends anymore.

Chan : I just want to···

Phoeb : No, but you can't.

Chan : But I just wa···

Phoeb : Uh uh.

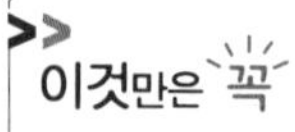

('make fun of'의 의미는?)

'놀리다', '비웃다', '험담하다'의 의미로 회화에서 관용적으로 쓰이는 표현입니다.

해설

Chan : 어제 정말 즐거웠어. 가라오케 기억나지? Tracy와 내가 함께 'Ebony and Ivory'를 불렀잖아.

Phoeb : 멋졌어! 그런데 아직도 네 얘기를 해.

Chan : 뭐?

Phoeb : 이젠 사람들이 네가 좀 '부담스런 상사'래. '난 보통 사람, 보스다. 여러분의 친구가 되고 싶은, 보스 Bing!'

Chan : 이해를 못 하겠어.

Phoeb : 내 말 들어, Chandler. 그냥 현실을 인정해. 넌 큰 사무실에서 일하는 사람이야. 사람들을 고용하고 해고하는 사람이지. 그래도 여전히 너는 좋은 상사라고 하던데.

Chan : 그럴까?

Phoeb : 으응. 직원들은 더 이상 네 친구가 아냐.

Chan : 그래도 나는…

Phoeb : 그럴 수 없어!

Chan : 그래도 나는…

Phoeb : 아니라고.

* They **made fun of** me. : 걔네들이 나를 놀려.
* Don't **make fun of** your friends. : 네 친구들 놀리지 마.
* Who doesn't **make fun of** the boss? : 상사 욕 안 하는 사람이 어딨어요?

■ **왕초보 실력** 안 들키게 **빈칸** 잡아내기

1 But they still **made** fun of you.

(그런데 아직도 네 얘기를 해.)

2 you're **more** like,

(이젠 사람들이 네가 좀)

3 I think **you've** gotta **face** it.

(그냥 현실을 인정해.)

☆ 강의를 들으시면 좀 더 확실히 리스닝 연습을 하실 수 있습니다. (강의 다운로드 받는 법 참조)

It is said that

~라고 하던데요

1 It is said that ~

1. 그는 거짓말쟁이라고 하던데요 ······ **It is said that** he is a liar.
2. 그들이 헤어졌다고 하던데요 ········ **It is said that** they broke up.
3. 아침밥이 중요하다고 하던데요 ······ **It is said that** breakfast is important.
4. 그것은 전혀 사실이 아니라고 하던데요
······································ **It is said that** it is not true at all.
5. 그것이 불법이었다고 하던데요 ······ **It is said that** it was illegal.

[Monica and Rachel's / Ross is watching TV, but turns it off, and Rachel is sleeping on the couch. Ross blanket over her.]

Rach : Oh. Oh, that's nice. Oh, oh. Huh, Ross!

Rach : Ross?

Ross : [1] ▒▒ here. **It's time** to get back to my place.

Rach : You are. Well, um··· We, we, we were just.

Ross : What? What? Great, [2] now I'm ▒▒▒▒ a baby.

Rach : What?

Ross : Ooh, Ooh.

Rach : What?

Ross : I'm having··· I'm having a baby. I'm having a. Where's the phone? The phone?

Rach : [3] I don't know where the phone ▒.

Rach : Ross?

Ross : I'm hurt.

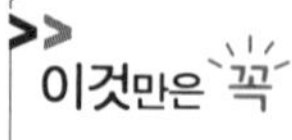

('hurt'의 의미는?)

'상처 내다', '다치게 하다'라는 의미의 동사로서 회화상에서 많이 쓰이는 동사입니다.

해설

Rach : (잠꼬대를 한다) 너무 좋아. Ross!

(잠꼬대하면서 자기를 부르는 Rachel을 보고 신난 Ross는 테이블로 올라가 춤을 추다 발을 헛디뎌 Rachel 위로 떨어진다)

Rach : (자기 앞에 앉아 있는 Ross를 보며 당황한다) Ross?

Ross : (애써 태연한 척 하면서) 응? 나 집에 가야할 시간이야.

Rach : (꿈속 장면을 떠올리며) 너… 그러니까? 우리가 그럼.

Ross : (궁금해하며) 뭔데? 뭔데? (그때 병원에서 호출한 삐삐가 울리자 무심코) 나, 지금 애 아빠 된대.

Rach : 뭐?

Ross : (그제서야 정신을 차린 듯이) 어, 어.

Rach : 뭐라 그랬어?

Ross : 드디어 애 아빠 된다구! 세상에! 내가. 전화 어디 있지? 전화?

Rach : 몰라.

(테이블을 건너뛰어 전화기로 향하려다 소파 아래로 고꾸라진다.)

Rach : Ross?

Ross : 아, 다쳤어.

* I don't wanna **hurt** you. : 너에게 상처 주고 싶지 않아.
* Don't **hurt** me : 나 상처 주지 마.
* Don't cry before you are **hurt**. : 아픈 게 아니면 울지 마라. / * It **hurts**! : 아파!

■ **왕초보 실력** 안 들키게 **빈칸** 잡아내기

1 **I'm** here.

(여기 있어.)

2 now I'm **having** a baby.

(나, 지금 애 아빠 된대.)

3 I don't know where the phone **is**.

(전화기 어디 있는지 난 모르지.)

☆ **강의를 들으시면 좀 더 확실히 리스닝 연습을 하실 수 있습니다.** (강의 다운로드 받는 법 참조)

It's time :

~할 시간이에요

1 It's time ~

1. 점심 먹을 시간이에요 ·················· **It's time** for lunch.
2. 이제 잘 시간이에요 ···················· **It's time** to go to bed.
3. 숙제 할 시간이에요 ···················· **It's time** to do your homework.
4. 이제 마무리할 시간이에요 ·············· **It's time** to wrap up this project.
5. 학교 갈 준비 할 시간이에요 ············ **It's time** to get ready for school.

[The Hallway / Ross is eagerly waiting for the others to get ready, to go to the hospital.]

Ross : Monica, let's go. [1] Come on now people, woman ▒ ▒▒▒.

Ross : What are you doing? We're going to a hospital.

Rach : What, so [2] I ▒▒▒ look nice? There ▒▒▒▒ be doctors there. **It's worth it!**

Ross : Joey, get out of the fridge.

Joey : All right, all right.

Ross : What is that?

Joey : For the ride.

Ross : Monica, come on now. [3] Let's go, ▒▒▒▒ coming.

Mon : I can't believe it, I'm gonna be an aunt. I'm gonna have like a nephew.

Ross : That's nice. Get out! Let's go, come on.

Joey : All right, I'm going. I'm going.

Chan, Joey and Mon : Here we go, here we go.

Rach : Rossy, Rossy.

>> 이것만은 꼭

('ride'의 의미는?)

'타다', '올라타다'라는 의미의 동사지만 오히려 회화상에서는 '탈것'이라는 명사형으로 더 많이 쓰임을 알아둡시다.

해설

Ross : (복도에서 서성이며) Monica, 가자고! 얘들아, 곧 애가 나온다고.

(Rachel이 화장하면서 나온다)

Ross : 지금 뭐 해? 우리 병원 가는 거라고!

Rach : 그런다고 화장도 못 해? 남자 의사가 많을 텐데. 화장할 만 하잖아!

Ross : (Joey 집 안에다 대고 소리치면서) Joey, 냉장고에서 좀 떨어지라고.

Joey : 알았어. 알았어.

Ross : (Joey가 샌드위치를 한 움큼 들고 나오자) 그게 뭐야?

Joey : 배고플까 봐.

Ross : Monica, 어서 가자! 아기가 나온다구!

Mon : 정말 못 믿겠어! 내가 고모가 되다니! 조카가 생긴다고!

Ross : 그래! 가자고 좀! 가자!

Joey : 알았어. 그래, 간다, 가.

(Ross가 내려가다 말고 다시 올라와 벽에 기댄 채 상념에 잠긴다)

Chan, Joey and Mon : 우쭈쭈, 자, 가자! 가자!

Rach : Ross, 괜찮아, 가자.

* It's about 2 hours' **ride**. : 차로 2시간 걸려.
* Do you need a **ride**? : 태워 줄까?
* Can you give me a **ride** to the airport? : 공항까지 태워다 주실래요?

■ **왕초보 실력** 안 들키게 **빈칸** 잡아내기

1 Come on now people, woman **in labor**.

(얘들아, 곧 애가 나온다고.)

2 I **can't** look nice? There **might** be doctors there.

(화장도 못 해? 남자 의사가 많을 텐데.)

3 Let's go, **baby's** coming.

(어서 가자! 아기가 나온다구!)

☆ **강의를 들으시면 좀 더 확실히 리스닝 연습을 하실 수 있습니다.** (강의 다운로드 받는 법 참조)

It’s worth :

~할 만해요 / ~할 가치가 있어요

1 It's worth ~

1. 그건 읽어 볼 만해요 ······················· **It’s worth** reading.
2. 그건 고려해 볼 만해요 ···················· **It’s worth** considering.
3. 거긴 가 볼 만해요 ························ **It’s worth** a visit.
4. 그건 시도해 볼 만해요 ····················· **It’s worth** a try.
5. 그건 그만한 가치가 있어요 ················ **It’s worth** it.

[Carol's Hospital Room / Carol is on the bed, Ross and Susan are at her side.]

Dr. Franzblau : Hey, how's my favorite parenting team doing?

Ross : Dr. Franzblau, hi.

Dr. Franzblau : So, I understand you're thinking of having a baby? Well, I see you're nine months pregnant. That's a good start. How're you doing with your contractions?

Susan : They're every four minutes and last 55 seconds.

Ross : 59 seconds. Quartz, ha.

Susan : Swiss quartz, ha, ha.

Carol : [1]Am I ______ to drink anything?

Dr. Franzblau : **It's no wonder** you're thirsty. Ice chips, just ice chips.[2] They're at the ______ station.

Ross : I'll get it.

Susan : No, I'm getting it. I'll be right back.

Rach : Hi, I thought you might like some ice chips.

Rach : And if you need anything else, [3]I do not believe ______ ______. Hi. I'm, uh, Rachel Green. I'm Carol's··· ex–husband's··· sister's roommate.

Dr. Franzblau : It is nice to meet you. I'm Dr. Franzblau. I'm your roommate's··· brother's··· ex–wife's obstetrician.

Rach : Oh, that's funny!

>> 이것만은 꼭

('How are you doing with'의 의미는?)

우리가 흔히 알고 있는 '**How are you doing?**'이란 표현은 보통 '잘 지내니' 라는 의미의 인사입니다. 그러나 뒤에 '**with**'를 붙여서 좀 더 많은 표현을 할 수

해설

Dr. Franzblau : (대기실로 들어오면서 아내 보호자가 많자) 안녕하세요, 우리 부모님들 어떠십니까?

Ross : Franzblau 박사님, 안녕하세요.

Dr. Franzblau : 아기를 낳을 생각이시겠죠? 9개월 되셨군요. 출발이 아주 좋습니다. 진통은 어떻습니까?

Susan : 4분 간격이고 55초씩 계속돼요.

Ross : (지적하듯이) 59초네요, Quartz 시계거든요.

Susan : (쏘아붙이듯이) 내 건 스위스제 Quartz 시계네요.

Carol : 뭐 좀 마셔도 돼요?

Dr. Franzblau : 갈증 있으실 만해요. 얼음만 조금 드세요. 간호사실에 있을 거예요.

Ross : (아빠 구실을 확실히 하겠다는 듯이) 내가 가져올게.

Susan : (이에 질세라) 아니, 내가 가져올게. 기다려.

(Ross와 Susan이 경쟁하듯 나간 후 Rachel이 얼음물을 들고 들어온다.)

Rach : 안녕? 얼음이 필요할 것 같아서요.

Rach : 필요한 게 있으면… (옆에 있는 Franzblau 의사를 발견하고서 의사에게 급작스럽게 다가가서) 우리 만난 적 없죠. 안녕하세요. Rachel Green이에요. Carol 전남편 동생의 룸메이트죠.

Dr. Franzblau : 만나서 반갑습니다. 전 Franzblau 박사예요. 아가씨 룸메이트 오빠 전부인의 산부인과 의사죠.

Rach : (넋 나간 듯이 남자를 지켜보면서) 재밌네요.

있습니다.

* **How are you doing with** your new diet? : 새로 시작한 다이어트는 잘 돼 가?

* **How are you doing with** your business? : 사업은 어떠세요?

■ **왕초보 실력** 안 들키게 **빈칸** 잡아내기

1 Am I **allowed to** drink anything?

(뭐 좀 마셔도 돼요?)

2 They're at the **nurses**' station.

(간호사실에 있을 거예요.)

3 I do not believe **we've met**.

(우리 만난 적 없죠.)

☆ 강의를 들으시면 좀 더 확실히 리스닝 연습을 하실 수 있습니다. (강의 다운로드 받는 법 참조)

It's no wonder (that):

~할 만해요 / ~은 전혀 놀랄 일이 아니에요

1 It's no wonder (that) ~

1. 당신 피곤할 만도 해요 ·········· **It's no wonder** you're tired.
2. 당신이 그를 싫어할 만도 해요 ··· **It's no wonder** you don't like him.
3. 그녀가 그렇게 화낼 만도 해요 ··· **It's no wonder** she was so upset.
4. 티켓 값이 그렇게 비쌀 만도 해요 ·· **It's no wonder** ticket prices are so high.
5. 그가 실패할 만도 해요 ·········· **It's no wonder** he has failed.

[The Waiting Room / Joey and Lydia are watching TV on the sofa.]

Lydia : Ah, whooah!

Joey : Wha? Wha··· aa? [1] Let me ▒▒ the father. Hey, we need a father over here! We need a father!

Lydia : There is no father.

Joey : Oh, oh, oh, sorry.

Lydia : Ok, that's ok. I'm fine. I'm··· oh!

Joey : Oh, uh, ok. Right this way. [2] All ▒▒ ▒▒▒ pregnant women ▒▒▒ to be goin' in here.

Lydia : Ok.

Rach : Hey.

Phoeb : Hey. Ooh, look at you, dressy-dress.

Mon : Did you go home and change? **It's not like you to** do such things.

Rach : Yeah, well, it's an important day. I wanna look nice. [3] Um, has uh Dr. Franzblau been ▒?

Mon : No, I haven't seen him.

Rach : Well, where is he? He is supposed to be here. What if the baby needs him?

>> 이것만은 꼭

('be supposed to'의 의미는?)

'**suppose**'라는 동사의 의미는 '~가 될 것으로 추측하다, 상상하다'입니다. 그러므로 회화상에서 많이 쓰이는 '**be supposed to**'의 의미는 '~가 될 것으로 추

해설

Lydia : (임산부 Lydia가 TV를 보다 진통을 하기 시작한다) 아! 아!

Joey : (옆에 앉아 있던 Joey가 놀라서) 어머나, 애 아빠를 불러올게요. 아이 아빠 어디 계세요? 아이 아빠 없어요?

Lydia : (팔을 휘저으며 나지막이) 없어요.

Joey : 미안해요.

Lydia : 괜찮아요, 난 괜찮아요. (또다시 진통을 한다) 아!

Joey : 좋아요, 이리 들어가요. 대부분 임산부들이 다 이쪽으로 가더라구요.

Lydia : 그래요.

(Rachel이 쫙 빼입고 들어선다)

Rach : 안녕!

Phoeb : 야, 쫙 빼입고 왔네.

Mon : 집에 다시 가서 옷 갈아입고 왔어? 그런 짓을 하다니 너답지 않은데.

Rach : 오늘은 중요한 날이니까 근사하게 보여야지. Franzblau 박사님 오셨어?

Mon : 아니, 못 봤어.

Rach : 어디 계시지? 여기 계셔야 되는데… 아기한테 필요하면 어떡해?

측된다, 상상된다' 즉, '~하기로 되어 있다'라는 의미로 해석하면 됩니다.

* My sister **is supposed to** pick me up. : 내 여동생이 나를 데리러 오기로 했어.

* He **is not supposed to** eat salty food. : 그는 짠 음식을 먹으면 안 될 텐데.

■ **왕초보 실력** 안 들키게 **빈칸** 잡아내기

1 Let me **get** the father.

(애 아빠를 불러올게요.)

2 All **the other** pregnant women **seem** to be goin' in here.

(대부분 임산부들이 다 이쪽으로 가더라고요.)

3 Um, has uh Dr. Franzblau been **by**?

(Franzblau 박사님 오셨어?)

☆ 강의를 들으시면 좀 더 확실히 리스닝 연습을 하실 수 있습니다. (강의 다운로드 받는 법 참조)

It's not like you to :

~하다니 당신답지 않아요

1 It's not like you to ~

1. 그렇게 화를 내다니 당신답지 않아요
.... **It's not like you to** get so upset.

2. 그렇게 조용하다니 당신답지 않아요
.... **It's not like you to** be so quiet.

3. 낯선 사람들과 같이 일을 하다니 당신답지 않아요
.... **It's not like you to** work with strangers.

4. 그렇게 과음을 하다니 당신답지 않아요
.... **It's not like you to** drink so much.

5. 우리 회의를 잊어버리다니 당신답지 않아요
.... **It's not like you to** forget our meeting.

1. 다른 직업을 찾고 있다는 것이 사실인가요?

2. 여기에 주차해도 되나요?

3. 이틀 더 머물 수 있을까요?

4. 단지 제가 이해가 안 될 뿐이에요.

5. 그들이 헤어졌다고 하던데요.

정답
1. **Is it true that** you are looking for another job?
2. **Is it okay** to park here?
3. **Is it possible** to stay two more days?
4. **It's just that** I don't understand it.
5. **It is said that** they broke up.

6. 숙제 할 시간이에요.

7. 그건 시도해 볼 만해요.

8. 그녀가 그렇게 화낼 만도 해요.

9. 그렇게 화를 내다니 당신답지 않아요.

10. 그렇게 과음을 하다니 당신답지 않아요.

정답⁺
6. **It's time** to do your homework.
7. **It's worth** a try.
8. **It's no wonder** she was so upset.
9. **It's not like you to** get so upset.
10. **It's not like you to** drink so much.

Is there 패턴

189 ~ 191 강

[Joey and Lydia in the hospital room / Lydia is on the phone with her mother.]

Lydia : Mom, [1] ______ been ______ this. No, I'm not calling him. I don't care if it is his kid, the guy's a jerk. No, I'm not alone. Joey's here. Joey who? Joey who?

Joey : Tribbiani.

Lydia : Joey Tribbiani. Yes, ok. Hold on. She wants to talk to you. Take the phone.

Joey : Hi, yeah, it's me. Oh, no no no, we're just friends. Yeah, I'm single. 25. An actor. Hello?

Lydia : She's <u>not much of</u> a phone person.

Joey : Yeah, so, uh, so, uh, [2] ______ the deal ______ this father guy, [3] I mean, ___ someone was having my baby somewhere, ___ wanna know about it. **Is there any** problem?

Lydia : Hey, am I interested in your views on fatherhood?

Joey : Ok, look, maybe I should just go.

Lydia : Maybe you should.

Joey : Good luck, and uh, take care, huh?

>> 이것만은 꼭

('not much of'의 의미는?)

회화상에서 많이 나오는 표현으로서 '대단히 ~하지는 않다'라는 의미일 때 사용됩니다.

해설

Lydia : (엄마와 통화를 한다) 엄마, 다 끝났어요. 싫어요, 전화 안 해요. 그 사람 아이든 말든 상관없어요. 그 남자는 바보예요. 아뇨, 혼자 아니에요. Joey랑 있어요. (수화기를 가리면서) Joey 누구냐고 하는데요?

Joey : Tribbiani요.

Lydia : Joey Tribbiani래요. 그래, 알았어요. 잠깐만요. (Joey를 바라보며) 엄마가 바꾸래요. 받아 봐요.

Joey : (당황하면서 얼떨결에 수화기를 받는다) 안녕하세요, Joey예요. (듣더니) 아뇨, 우린 그냥 친구예요. (듣더니) 네, 혼자예요. (듣더니) 25살요. (듣더니) 배우요, (듣더니) 여보세요?

Lydia : 엄마가 원래 매너가 없어요.

Joey : 그래요. 근데 애 아빠는 어떻게 된 거죠? 만일 누가 자기 아기를 출산 중이었다면 알고 싶어 하는 것 아닌가요? 무슨 문제라도 있나요?

Lydia : 저기, 누가 당신한테 부정에 대해 물었어요?

Joey : (미안해하면서) 그래요, 이만 가 봐야겠네요.

Lydia : 가세요.

Joey : 행운을 빌어요. 조심하구요. 알았죠?

* It's **not much of** a break. : 대단한 휴식은 아니에요.
* I am **not much of** a golfer. : 저는 대단한 골프 선수는 아니에요.
* This is **not much of** a surprise. : 이것은 놀랄 만한 일이 못 돼.

■ **왕초보 실력** 안 들키게 **빈칸** 잡아내기

1 **we've** been **through** this.

(다 끝났어요.)

2 **what's** the deal **with** this father guy,

(애 아빠는 어떻게 된 거죠?)

3 I mean, **if** someone was having my baby somewhere,

I'd wanna know about it,

(만일 누가 자기 아기를 출산 중이었다면 알고 싶어 하는 것 아닌가요?)

☆ **강의를 들으시면 좀 더 확실히 리스닝 연습을 하실 수 있습니다.** (강의 다운로드 받는 법 참조)

Is there any :

~한 ~ 있나요?

1 Is there any ~

1. 남은 거 있나요? ·········· **Is there any** left?
2. 빵 더 있나요? ············ **Is there any** more bread?
3. 신문에 무슨 재미있는 기사라도 나와 있나요?
   ······························ **Is there any** interesting news in the paper?
4. 이 근처에 어디 괜찮은 식당 있나요?
   ······························ **Is there any** nice restaurant around here?
5. 사무실 근처에 눈에 띄는 큰 건물이 있나요?
   ······························ **Is there any** landmark around your office?
6. 특별히 좋아하시는 브랜드라도 있나요?
   ······························ **Is there any** special brand you like?

[The Waiting Room / Rachel and Dr. Franzblau have gone to get coffee.]

Dr. Franzblau : I don't know, it could be an hour, could be three, but relax, she's doing great. So, uh, tell me, [1]are you currently involved ___ anyone?

Rach : No, no, not at the moment, no, I'm not. Are you?

Dr. Franzblau : No, it's hard enough to get women to go out with me.

Rach : Right, yeah, I've heard that about cute doctors.

Dr. Franzblau : No, no, really. I suppose it's because I spend so much time, you know, where I do.

Rach : Oh.

Dr. Franzblau : [2]I try not to ___ work affect my personal life, but it's hard. What do you do?

Rach : I'm a waitress.

Dr. Franzblau : Ok, all right, **Is there anything** exciting in your work place? I mean when you come home at the end of the day, and you're just like, 'if I see one more cup of coffee'.

Rach : Yeah. Gotcha.

Dr. Franzblau : [3]I'm gonna go check up ___ your friend.

Rach : Ok. That's fine.

>> 이것만은 꼭

('currently'의 의미는?)

회화에서 많이 쓰이는 부사로서 다양한 뜻이 있으나, '현재'라고만 해석을 해 둡시다.

해설

Dr. Franzblau : (진료실을 Rachel과 나오면서) 한 시간이 될 수도 세 시간이 될 수도 있지만 걱정 말아요. 그런데, 누구 사귀는 사람 있어요?

Rach : 아뇨, 지금은 없어요. 선생님은요?

Dr. Franzblau : 아뇨. 여자들하고 데이트하기가 쉽지 않아요.

Rach : 맞아요, 병원에는 멋진 의사분들이 많다고 들었죠.

Dr. Franzblau : 그런 게 아니에요. 너무 오랜 시간을 보내거든요. 여기에서요.

Rach : 아.

Dr. Franzblau : 일과 사생활을 따로 구분하려고 노력하지만 쉽지 않아요. 무슨 일 하세요?

Rach : 웨이트리스예요.

Dr. Franzblau : 그렇군요. 일터에서 신나는 것이 있나요? 제 말은, 일 끝나고 집에 갔을 때 이런 생각 들 때가 있지 않아요? 커피 한 잔만 더 봤다간…

Rach : (커피를 마시다가 슬쩍 커피 잔을 내려놓는다) 맞는 말씀이에요.

Dr. Franzblau : 친구분한테 가 볼게요.

Rach : 그러세요. (귀에서 귀걸이를 하나씩 뺀다)

* He is **currently** working in marketing. : 그는 현재 마케팅 업무 일을 하고 있어.
* **Currently**, I live in Seoul. : 현재, 나는 서울에 살고 있어.

■ **왕초보 실력** 안 들키게 **빈칸** 잡아내기

1 are you currently involved **with** anyone?

(누구 사귀는 사람 있어요?)

2 I try not to **let** work affect my personal life,

(일과 사생활을 따로 구분하려고 노력하지만)

3 I'm gonna go check up **on** your friend.

(친구분한테 가 볼게요.)

☆ 강의를 들으시면 좀 더 확실히 리스닝 연습을 하실 수 있습니다. (강의 다운로드 받는 법 참조)

Is there anything :

~한 것이 있나요?

1 Is there anything ~

1. 뭐 재미있는 것이 있나요? ············· **Is there anything** exciting?
2. 좀 더 일찍 도착하는 것이 있나요? ····· **Is there anything** arriving earlier?
3. 더 사고 싶은 것이 있나요?
   ························· **Is there anything** else you would like to buy?
4. 더 필요하신 것이 있나요?
   ························· **Is there anything** else you need?
5. 저에게 말하고 싶은 것이 있나요?
   ························· **Is there anything** you want to tell me?

[Carol's Room / Ross and Susan rush in.]

All : Push, push!

Ross : We're here!

Carol : Where have you been?

Ross : Long story, honey.

Dr. Franzblau : All right, Carol, I need you to keep pushing.

Nurse : All right, all right, there's a few too many people in this room, so anybody who's not an ex–husband or a lesbian life partner, out you go!

All : Good luck!

Chan : Let me ask you, [1]do you have to ___ Carol's lesbian life partner?

Nurse : Out!

Dr. Franzblau : All right, here he comes, here he comes.

Ross : Let me see, I gotta see, I gotta see. Oh, a head. Oh, it's, it's huge. Carol, how are you doing this?

Carol : Not helping! **Is there anyone** who can throw him out of the doors?

Dr. Franzblau : [2]You're ___ great, you're ___ fine. Hello!

Ross : Oh, sorry.

Susan : What do you see? What do you see?

Ross : [3]A person··· Kinda like my uncle Ed, ___ in Jell–o.

>> 이것만은 꼭

('keep'의 의미는?)

회화에서 많이 쓰이는 동사로서 다양한 뜻이 있으나, '계속 ~를 유지하다'라는 의미로 가장 많이 쓰입니다. **'keep'** 뒤에는 명사형을 쓰는 것을 알아 둡시다.

All : (분만 중인 Carol을 향해) 힘줘, 힘줘!

Ross : (문을 열고 몰려들면서) 우리 왔어, 우리 왔어!

Carol : (고함을 지르면서) 어디 갔다 왔어?

Ross : 얘기하자면 길어.

Dr. Franzblau : 좋아요, Carol, 계속 힘줘요.

Nurse : 병실에 사람이 너무 많아요. 전남편이나 레즈비언 커플 아닌 사람은 다 나가 주세요.

All : (모두 나가면서) 행운을 빌게!

Chan : (나가다가 갑자기 소리친 간호사를 보며) 그럼 당신은 Carol의 레즈비언 커플인가요?

Nurse : 나가라고요.

Dr. Franzblau : 좋아요, 아이가 나옵니다. 나와요.

Ross : 어디 좀 봐요. 내가 봐야 해요. 머리야. 엄청 크다. Carol, 이걸 어떻게 해?

Carol : 도움이 안 된다니깐. 누구 저 인간 좀 쫓아낼 사람 있어요?

Dr. Franzblau : 잘하고 있어요, 좋아요. (머리를 들이밀고 있는 Ross를 향해) 좀 비켜 봐요.

Ross : 아, 미안요.

Susan : 뭐가 보여요? 뭐가 보여?

Ross : 젤리 범벅 된 Ed 삼촌 같은 사람.

* **Keep** going like that! : 계속 그렇게 해!

* You have to **keep** trying. : 너는 계속 노력해야 해.

■ **왕초보 실력** 안 들키게 **빈칸** 잡아내기

1 do you have to **be** Carol's lesbian life partner?

(당신은 Carol의 레즈비언 커플인가요?)

2 You're **doing** great, you're **doing** fine. Hello!

(잘하고 있어요, 좋아요. 좀 비켜 봐요.)

3 A person… Kinda like my uncle Ed, **covered** in Jell-o.

(젤리 범벅된 Ed 삼촌 같은 사람.)

☆ **강의를 들으시면 좀 더 확실히 리스닝 연습을 하실 수 있습니다.** (강의 다운로드 받는 법 참조)

Is there anyone/anybody :

~ 누구 있나요?

1 Is there anyone/ anybody ~

1. 동행이 누구 있나요? ········· **Is there anybody** with you?
2. 회의실에 누구 있나요? ······· **Is there anyone** in the conference room?
3. 날 도와줄 수 있는 사람 누구 있나요?
······················ **Is there anybody** who can help me?
4. 누가 분위기 좀 띄워 줄 수 있는 누구 있나요?
······················ **Is there anybody** who can change the mood?
5. 대답할 수 있는 사람이 또 누구 있나요?
······················ **Is there anyone** else who can answer that?

There's 패턴

192 ~ 197 강

[Central Perk / The whole gang is there, Ross is showing pictures of his new baby boy, Ben, to the grou

Joey : Hey, Chan, can you help me out here? [1] I promise ___ get you back.

Chan : Oh, yeah, right, OK including the waffles last week, [2] you now ___ me··· 17 million dollars.

Joey : I will, really. I'll pay you back this time.

Chan : And [3] ___ this money coming from?

Joey : Well. I'm helping out down at the N.Y.U. Med School. **There will be** some research.

Ross : What kind of research?

Joey : Oh, just, y'know, science.

Ross : Science. Yeah, I think I've heard of that.

Joey : It's a fertility study.

Mon : Oh, Joey, please tell me you're only donating your time.

Joey : Alright, come on you guys, it's not that big a deal. Really··· I mean, I just go down there every other day and··· make my contribution to the project. Hey, hey, but at the end of two weeks, I get seven hundred dollars.

Phoeb : Wow, ooh, you're gonna be making money hand over fist!

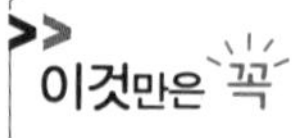

('every other day'의 의미는?)

'매번 하루 걸러'라는 의미로서, 자연스럽게 '이틀마다'라는 표현으로 해석하면 됩니다.

해설

Joey : 야, Chandler, 돈 좀 빌려 줄래? 꼭 갚을게.

Chan : 그래, 지난주 와플 값하고 해서 나한테 빚진 게 1700만 달러야.

Joey : 꼭 갚아, 진짜야, 이번에는 꼭 갚는다고.

Chan : (돈을 빌려주면서) 이 돈은 어디서 나올 건데?

Joey : (조용히 Chandler에게 귓속말로) 뉴욕 의대에서 알바 하기로 되어 있어. 연구가 있을 거야.

Ross : (저쪽 의자에 앉아 있다가 갑자기 큰 소리로) 무슨 연구?

Joey : 그냥 과학적인 거야.

Ross : 과학이라. 어디서 들어본 것 같은데.

Joey : (겸연쩍다는 듯이) 수정에 관한 연구야.

Mon : Joey! 차라리 시간 때우러 간다고 하지 그래.

Joey : 아니라니깐. 그렇게 별일도 아니야. 이틀에 한 번씩 가서 기부만 해 주면 되는 거야. 그런데 봐봐, 2주 후에는 700달러나 들어오는 거라고.

Phoeb : 와우, 너 대량으로 벌겠구나!

* He called me **every other day**. : 그는 이틀마다 내게 전화했어.
* I buy milk **every other day**. : 나는 이틀마다 우유를 사.

■ **왕초보 실력** 안 들키게 **빈칸** 잡아내기

1 I promise **I'll** get you back.

(꼭 갚을게.)

2 you now **owe** me… 17 million dollars.

(나한테 빚진 게 1700만 달러야.)

3 **where's** this money coming from?

(이 돈은 어디서 나올 건데?)

☆ **강의를 들으시면 좀 더 확실히 리스닝 연습을 하실 수 있습니다.** (강의 다운로드 받는 법 참조)

There will be :

~ 있을 거예요

1 There will be ~

1. 오늘 오후에 회의가 있을 거예요
 ······················ **There will be** a meeting this afternoon.

2. 이 수업은 시험이 없을 거예요 ······ **There will be** no test for this class.

3. 또 다른 기회가 있을 거예요 ········· **There will be** another chance.

4. 약간의 추가 요금이 붙을 거예요
 ······················ **There will be** a small additional charge.

5. 내일 소나기가 올 가능성이 있을 거예요
 ······················ **There will be** a chance of showers tomorrow.

[Monica and Rachel's / Monica and Phoebe are preparing for a barbecue for Rachel's birthday.]

Mon : Oh Joey, [1]Melanie ▒▒▒, said she's gonna be late.

Joey : Oh, OK.

Phoeb : So [2]how are ▒▒▒ going ▒▒▒ you two? Is she becoming your special someone?

Joey : I don't know, she's, uh, she's pretty great.

Mon : Yeah? What does she think of your little science project?

Joey : What, you think I'm gonna tell a girl I like that I'm also seeing a cup? Well, the tough thing is, she really wants to have sex with me.

Chan : Crazy bitch.

Mon : **There must be** a better way to control this.

Joey : Yeah, well, [3]I still got a week ▒▒ to go in the program, and according to the rules, if I want to get the money I'm not allowed to conduct any··· personal experiments, if you know what I mean.

Mon : Joey··· we always know what you mean.

>> 이것만은 꼭

('be allowed to'의 의미는?)

'허락하다'라는 의미의 '**allow**' 동사는 회화에서 수동의 의미로 많이 사용됩니다.

해설

Mon : (Joey가 들어오자) Joey, Melanie가 좀 늦겠다고 전화 왔어.

Joey : 알았어.

Phoeb : 두 사람 잘 돼 가? (다소 느끼한 목소리로) 특별한 사이가 된 거야?

Joey : 모르겠어. 정말 괜찮은 여자야.

Mon : Melanie도 네 과학 프로젝트 일에 대해 알고 있니?

Joey : 뭐? 나보고 그녀에게 내가 지금 컵하고도 사랑에 빠졌다고 말하라고? 제일 힘든 건 Melanie가 나랑 관계를 하고 싶어 한다는 거야.

Chan : 밝히기는!

Mon : 이 상황을 조율할 좋은 방안이 틀림없이 있을 거야.

Joey : (낙심한 듯) 아직 일주일이 남았는데, 규정에 의하면, 연구 기간 동안 나는 어떠한 인간 관계도 가지면 안 돼, 무슨 말인지 알아?

Mon : Joey, 네 말은 항상 알아듣거든.

* You **are not allowed to** smoke here. : 너는 여기서 담배 못 피워.
* Dogs **are not allowed** on the bus. : 버스 안에 개는 태우지 못해요.
* I am **not allowed to** be here. : 나는 여기 머물 수 없어.

■ **왕초보 실력** 안 들키게 **빈칸** 잡아내기

1 Melanie **called**, said she's gonna be late.

(Melanie가 좀 늦겠다고 전화 왔어.)

2 how are **things** going **with** you two?

(두 사람 잘 돼 가?)

3 I still got a week **left** to go in the program,

(아직 일주일이 남았는데.)

☆ 강의를 들으시면 좀 더 확실히 리스닝 연습을 하실 수 있습니다. (강의 다운로드 받는 법 참조)

There must be :

틀림없이 ~ 있을 거예요

1 There must be ~

1. 틀림없이 해법이 있을 거예요 ······· **There must be** a solution.
2. 틀림없이 실수가 있을 거예요 ······· **There must be** some mistake.
3. 틀림없이 어떤 이유가 있을 거예요 ·· **There must be** some reasons for it.
4. 틀림없이 이 문제를 해결할 다른 방법이 있을 거예요
············· **There must be** another way to handle this.
5. 틀림없이 다른 도로가 있을 거예요
············· **There must be** another road we can take.
6. 틀림없이 그 시스템에는 뭔가 문제가 있을 거예요
············· **There must be** something wrong with such a system.

194

[Chandler and Joey are making the fire, Monica and Phoebe are inside. Ross enters, carrying luggage.]

Ross : Hey.

Phoeb : How long did you think this barbecue was gonna last?

Ross : I'm going to China.

Phoeb : Jeez, you say one thing, and…

Mon : You're going to China?

Ross : Yeah, it's for the museum. [1] Someone ______ a bone, we want the bone, but [2] they don't want __ __ have the bone, so I'm going over there to try to persuade them to give us the bo—it's—it's a whole big bone thing. **There seems to be** no other way. Anyway I'll be gone for a week so, here's a picture of me.

Phoeb : Oh, let me see!

Ross : Could you take it to Carol's every now and then, [3] and ______ it to Ben, just so he doesn't forget me?

Mon : Yeah.

Phoeb : Hi Ben, I'm your father!

Ross : Hey, is Rachel here? Um, [4] I ______ to wish her a happy birthday before I left.

Mon : Oh no, she's out having drinks with Carl.

Ross : Oh. Hey, who's Carl?

Mon : You know, [5] that guy she ____ at the coffeehouse.

Ross : No.

('last'의 의미는?)

'마지막'이라는 부사의 의미도 있지만, 회화상에서는 '지속하다', '계속하다'라는 의미의 동사로도 많이 사용됩니다.

Ross : 안녕!

Phoeb : (Ross 등 뒤에 멘 가방을 보고) 바비큐 파티를 얼마나 오래 하려고?

Ross : 나 중국 가.

Phoeb : 말 돌리는 데 선수라니까.

Mon : 중국 간다고?

Ross : 박물관 일이야. 누가 뼈를 발견했나 봐. 우린 뼈가 필요한데 그 사람들은 그걸 싫어해. 그래서 내가 가서 뼈를 달라고 부탁해야 돼. 어쨌든 큰 뼈다구 때문에 간다고. 다른 방법이 없는 것 같아. 일주일 정도 가 있을 거야. (Monica에게) 그래서 내 사진 줄게.

Phoeb : 나도 볼래!

Ross : Carol 집에 갈 때마다 그거 갖고 가서 나 잊지 않게 Ben한테 보여 줄래?

Mon : 알았어.

Phoeb : (사진을 빼앗아 자기 얼굴에 대고는) 안녕, Ben! 네 아빠란다.

Ross : Rachel 있어? 떠나기 전에 생일 축하 인사나 하고 가려고.

Mon : 아니, Carl이랑 나갔어.

Ross : Carl이 누군데?

Mon : 커피숍에서 만난 사람 있잖아.

Ross : 몰라.

---

* I only slept for two hours **last** night. : 어젯밤 나는 딱 두 시간만 잤어.

* The memories **last** so long. : 그 기억은 오래갔어.

* I don't know how long it will **last**. : 나는 그것이 얼마나 오래갈 지 모르겠어.

■ **왕초보 실력** 안 들키게 **빈칸** 잡아내기

1 Someone **found** a bone,

(누가 뼈를 발견했나 봐.)

2 they don't want **us to** have the bone,

(그 사람들은 그걸 싫어해.)

3 and **show** it to Ben,

(Ben한테 보여 줄래?)

4 I **wanted** to wish her a happy birthday before I left.

(떠나기 전에 생일 축하 인사나 하고 가려고.)

5 that guy she **met** at the coffeehouse.

(커피숍에서 만난 사람 있잖아.)

☆ **강의를 들으시면 좀 더 확실히 리스닝 연습을 하실 수 있습니다.** (강의 다운로드 받는 법 참조)

There seems to be :

~인 것 같아요

1 There seems to be ~

1. 다른 방법이 없는 것 같아요 ·· **There seems to be** no other way.
2. 오해가 있는 것 같아요 ······· **There seems to be** a misunderstanding.
3. 컴퓨터에 이상이 있는 것 같아요
········· **There seems to be** something wrong with my computer.
4. 청구서가 잘못된 것 같아요
········· **There seems to be** a mistake on our bill.
5. 우리 사이에 오해가 있는 것 같아요
········· **There seems to be** some misunderstanding between us.

Scene No. 195

[Melanie is there with Joey, Chandler, Monica, Phoebe, and Rachel. Ross is gone.]

Mon : OK, how does everyone like their burgers?

Rach : Oh, no, no, no. Presents first. Food later. **There are so many** birthday presents in here!

Chan : OK, this one right here is from me.

Rach : OK. ah, it's light, it rattles, it's Travel Scrabble! Oh, thank you!

Rach : This one from Joey feels like a book. And it's a book! Who's this from?

Chan : Oh, that's Ross's.

Rach : Oh, Oh my God. He remembered.

Phoeb : Remembered what?

Rach : It was like months ago. [1] We were walking ____ this antique store, [2] and I ____ this pin in the window, [3] and I ____ him it was just like one my grandmother had when I was a little girl.

Phoeb : Oh, it's so pretty. This must have cost him a fortune.

Mon : I can't believe he did this.

Chan : Come on, Ross? Remember back in college, [4] when he ____ in love with Carol and ____ her that ridiculously expensive crystal duck?

Rach : What did you just say?

Chan : um… um Crystal duck.

Rach : No, no, no the, um, the 'love' part?

Chan : F–hah… flennin…

Rach : Oh my God.

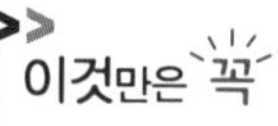

('cost a fortune'의 의미는?)

'엄청나게 비싸다'라는 의미로 사용될 때 쓰는 회화 표현입니다.

해설

Mon : 좋아. 누구 햄버거 먹을 사람?

Rach : 안 돼, 선물부터 풀고 나중에 먹자. 일단 생일 선물이 너무 많거든.

Chan : (선물 꾸러미 중 하나를 가리키며) 여기 오른쪽에 있는 게 내 거야.

Rach : 좋아. 가볍고 소리가 나네. '여행 단어 맞추기'잖아. (Chandler에게 도로 주면서) 고마워.

Rach : Joey 거는 책인가 보네. 진짜 책이네. (또 다른 꾸러미를 보며) 이건 누구 거야?

Chan : Ross 거야.

Rach : 세상에. 기억하고 있었네.

Phoeb : 뭘 기억해?

Rach : 몇 달 전에 골동품 가게를 지나가다 창문으로 이 브로치를 봤는데 어릴 때 할머니 거랑 비슷하다고 했거든.

Phoeb : 정말 예쁘다. 비싸게 주고 샀겠는걸.

Mon : 오빠가 이런 면이 있었네.

Chan : Ross를 몰라? Carol이랑 사랑에 빠졌을 땐 이상한 크리스털 오리도 사 줬던 애야.

Rach : (깜짝 놀라며) 뭐라고?

Chan : (당황하면서) 어… 어… 그게… 크리스… 털 오오…리.

Rach : 아니, 아니, 사랑 어쩌고 한 부분…

Chan : (몹시 당황하면서) 스릉에 빠아아아…

Rach : 맙소사.

* This car **cost me a fortune**. : 이 차 사는 데 큰돈 들었어.

* It **cost a fortune** to fly first class. : 1등석 타는 데 거금이 들었어.

■ **왕초보 실력** 안 들키게 **빈칸** 잡아내기

1 We were walking **by** this antique store,

(골동품 가게를 지나가다)

2 and I **saw** this pin in the window,

(창문으로 이 브로치를 봤는데)

3 and I **told** him it was just like one my grandmother had

(어릴 때 할머니 거랑 비슷하다고 했거든.)

4 when he **fell** in love with Carol and **bought** her that ridiculously expensive crystal duck?

(Carol이랑 사랑에 빠졌을 땐 이상한 크리스털 오리도 사 줬던 애야.)

☆ **강의를 들으시면 좀 더 확실히 리스닝 연습을 하실 수 있습니다.** (강의 다운로드 받는 법 참조)

There are so many :

~가 너무 많아요

1 There are so many ~

1. 선택의 폭이 너무 많아요 ··············· **There are so many** choices.
2. 당신에게 하고 싶은 말이 너무 많아요
 ······················ **There are so many** things I want to tell you.
3. 우리가 오늘 해야 할 일이 너무 많아요
 ······················ **There are so many** things we have to do today.
4. 제가 읽고 싶은 책이 너무 많아요
 ······················ **There are so many** books I want to read.
5. 제가 방문하고 싶은 아름다운 장소가 너무 많아요
 ······················ **There are so many** beautiful places I want to visit.

[Monica and Rachel's / continued from earlier.]

Rach : This is unbelievable.

Phoeb : I know. This is really, really huge.

Chan : No it's not. It's small. It's tiny. It's petite. It's wee.

Phoeb : [1]I don't think any of our lives are ▒▒ gonna be the same ▒▒ again.

Chan : [2]OK, is there a mute ▒▒ on this woman?

Mon : I think this is so great! I mean, you and Ross! Did you have any idea?

Rach : No! None! I mean, my first night in the city, he mentioned something about asking me out, but **there was nothing** ever between us. I've got to talk to him.

Chan : He's in China!

Mon : No, no, wait. His flight doesn't leave for another forty-five more minutes.

Chan : What about the time difference?

Mon : [3]From here ▒ the airport?

Chan : Yes! You're never gonna make it!

Rach : I've gotta try.

Mon : What are you gonna say to him?

Rach : I don't know. Maybe I'll know when I see him.

Phoeb : Here, look, alright, does this help?

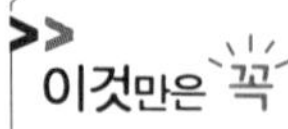

('another'의 의미는?)

'an+other'의 합성어로 보통 '또 다른 하나의'라는 의미로 이해하면 됩니다. 문장 및 뒤의 단어에 따라 어떤 표현이 되는지 정리해 봅시다.

Rach : (안절부절못하면서) 믿을 수가 없어.

Phoeb : 그래, 이건 정말, 정말 큰 사건이야.

Chan : (애써 안심시키려고) 아니, 작고 사소하고 보잘것없고 무의미한 일이야.

Phoeb : 우리 사이도 예전 같지 못할 거야, 이젠.

Chan : (Monica를 가리키며) 재 말 못하게 하는 리모콘 있니?

Mon : 난 잘 어울릴 것 같은데! 너랑 Ross 오빠! 전혀 몰랐어?

Rach : 응, 몰랐어. 여기 온 첫날 데이트하자느니 어쩌고 하는 얘길 했지만 그 후로 우리 사이에 아무 일도 없었어. 직접 얘길 해 봐야겠어.

Chan : (Rachel을 가로막으면서) 지금 중국에 있어.

Mon : 비행기가 안 떠났으면? 45분 후에나 비행기가 출발한다고 써 있어.

Chan : 시간차는 어쩌고?

Mon : 여기랑 공항?

Chan : 그래! 절대 시간 안에 못 갈 거야.

Rach : 시도는 해 봐야지.

Mon : Ross한테 뭐라고 할 건데?

Rach : 모르겠어. 일단 얼굴을 봐야 알 것 같아.

Phoeb : 그럼 이걸 봐, (Ross가 준 사진을 얼굴에 대면서) 이게 도움이 되지 않을까?

---

* I need **another** drink. : 나는 다른 마실 것이 필요해.
* She lived for **another** five days. : 그녀는 5일을 더 살았어.
* Can you just wait **another** five minutes? : 5분만 더 기다려 주실래요?

■ **왕초보 실력** 안 들키게 **빈칸** 잡아내기

1 I don't think any of our lives are **ever** gonna be the same **ever** again.

(우리 사이도 예전 같지 못할 거야, 이젠.)

2 OK, is there a mute **button** on this woman?

(쟤 말 못하게 하는 리모콘 있니?)

3 From here **to** the airport?

(여기랑 공항?)

☆ **강의를 들으시면 좀 더 확실히 리스닝 연습을 하실 수 있습니다.** (강의 다운로드 받는 법 참조)

There's nothing :

~는 전혀 없어요

1 There's nothing ~

1. 남아 있는 게 전혀 없어요 ········ **There is nothing** left.
2. 제가 할 일은 그 외에 전혀 없어요 ·· **There is nothing** else I can do.
3. 더는 할 말이 전혀 없어요 ········ **There is nothing** more to say.
4. 이제 더 걱정할 것 전혀 없어요 ·· **There's nothing** more to worry about.
5. 이 차는 전혀 아무 이상 없어요 ·· **There is nothing** wrong with this car.

[Airport / Ross has headphones on, and is listening to a 'How To Speak Chinese' tape.]

Flight Attendant : Alright!

Ross : Ni–chou chi–ma!

Rach : Ross! Excuse me, pardon me, excuse me…

Flight Attendant : Hi! May I see your boarding pass?

Rach : Oh, no, no, I don't have one. I just need to talk to my friend.

Flight Attendant : Oh, oh. I'm sorry. You are not allowed on the jetway unless you have a boarding pass.

Rach : No, I know, but He's right there, [1]he's got the blue jacket ___, Can I just.

Flight Attendant : No no no! Federal regulations!

Rach : OK, alright, OK, um then could you please, uh just give him a message for me? Please? This is very important.

Flight Attendant : Alright. **There's no need to** worry. What's the message?

Rach : Uh I don't know.

Flight Attendant : Sir? Sir? Excuse me, sir? Uh I have a message for you.

Man : What?

Flight Attendant : It's from Rachel. [2]She ___ that she loved the present, ___ she ___ see you ___ you get back.

Man : Toby, Oh, for God's sake, I don't know what she's talking about! There's no Rachel!

>> 이것만은 꼭

('unless'의 의미는?)

'**unless**'는 가정법을 이끄는 접속사입니다. 의미는 '**if ~ not**' 즉, '만약 ~하지 않으면'이라는 의미입니다.

Flight Attendant : 됐습니다.

Ross : Ni–chou chi–ma! (승강로로 들어간다)

Rach : (Rachel이 급하게 뒤에서 뛰어온다) Ross! Ross! 죄송합니다.

Flight Attendant : (Rachel을 제지하면서) 안녕하세요? 탑승권을 보여 주시겠어요?

Rach : 그런 건 없고요, 친구한테 할 얘기가 있어서요.

Flight Attendant : 죄송합니다만 탑승권이 없으면 승강로로 들어가실 수 없습니다.

Rach : 알아요, 근데 저기 저 남자, 저기 파란 재킷 입은 사람이 제 친구예요, 잠깐만.

Flight Attendant : 죄송하지만 규정상 안 됩니다.

Rach : 좋아요, 그럼 친구한테 좀 전해 줄래요? 굉장히 중요한 일이에요.

Flight Attendant : 좋아요, 걱정하실 필요 없어요, 뭐라고 전할까요?

Rach : (난감해하면서) 음, 모르겠어요.

Flight Attendant : (승강로 맨 앞의 남자에게) 실례합니다, 선생님. 누가 말씀 전해 달라고 해서요.

Man : 뭔데요?

Flight Attendant : Rachel이란 분이 선물 고맙다고 돌아와서 만나자고 하십니다.

Man : (당황스럽게 옆의 부인 눈치를 살피며) Toby, 아냐, 무슨 소린지 모르겠어. Rachel이란 사람 난 몰라.

* Don't talk **unless** I tell you. : 내가 너에게 말하지 않는 한 말하지 마.

* I can't hear you **unless you** turn down the radio. : 네가 라디오 소리를 줄이지 않으면 들을 수가 없어.

■ **왕초보 실력** 안 들키게 **빈칸** 잡아내기

1 he's got the blue jacket **on**,

(파란 자켓 입은 사람이)

2 She **said** that she loved the present, **and** she **will** see you **when** you get back.

(선물 고맙다고 돌아와서 만나자고 하십니다.)

☆ **강의를 들으시면 좀 더 확실히 리스닝 연습을 하실 수 있습니다.** (강의 다운로드 받는 법 참조)

There's no need to :

~할 필요 없어요

1 There's no need to ~

1. 걱정할 필요 없어요 ················ **There is no need to** worry.
2. 서두를 필요 없어요 ················ **There's no need to** hurry.
3. 겁낼 필요 없어요 ··················· **There is no need to** be afraid.
4. 화낼 필요 없어요 ··················· **There is no need to** get upset.
5. 나한테 고마워할 필요 없어요 ······· **There's no need to** thank me.

That's 패턴

198 ~ 200 강

Scene No. **198**

[Monica and Rachel's / Monica, Phoebe, and Rachel are there. Monica is holding the wrapping paper fr one of Rachel's gifts.]

Rach : [1] I ______ him.

Chan : That's too bad. anyway, happy birthday, Rachel. Hang in there.

Mon : So are you gonna go for it with Ross?

Rach : I don't know. [2] I ______ about it ___ the way there, and, it's Ross. Y'know what I mean? I mean, it's Ross.

Mon and Phoeb : Sure.

Rach : I don't know, I mean, this is just my initial gut feeling but I'm thinking, oh, I'm thinking it'd be really great.

Mon : Oh my God, me too! Oh! [3] ______ be like friends–in–law!

Phoeb : Well, what happens if it doesn't work out?

Mon : Why wouldn't it work out?

Rach : I don't know, sometimes it doesn't.

Mon : Is he not cute enough for you? Does he not make enough money?

Rach : No, I'm just, I'm just confused. We are friends. **That's why** I'm confused.

Phoeb : Maybe there's someone else.

Rach : Wha.

Mon : Is there? Is there someone else?

Rach : No! There is, there is no one else!

Mon : Then why the hell are you dumping my brother?

>> 이것만은 꼭

('initial'의 의미는?)

'순서적으로 맨 처음'이란 의미로 그 쓰임새도 알아 둡시다.

Rach : (지친 듯 들어오면서) 못 만났어.

Chan : 정말 안됐다. 아무튼 생일 축하해, Rachel. 너무 신경 쓰지 마.

Mon : 오빠하고는 잘해 볼 거야?

Rach : 모르겠어. 공항에 가면서, 계속 생각했는데 Ross잖아. 무슨 말인지 알지? 다른 사람도 아닌 Ross라고.

Mon and Phoeb : 그럼!

Rach : 모르겠어. 그냥 직감이 그런데, 내 생각엔, 내 생각엔 정말 잘 될 것 같아.

Mon : (뛸 듯이 기뻐하면서) 내 생각도 그래! 우린 친구 사돈이 되는 거야!

Phoeb : 근데, 잘 안 되면 어떡할 거야?

Mon : 왜 잘 안 되는데?

Rach : 글쎄, 그런 경우가 있잖아.

Mon : (발끈하면서) 오빠 용모가 달리니? 돈을 못 버니?

Rach : 아니, 그냥. 그냥 혼란스러워. 우리는 친구이기도 하잖아. 그래서 혼란스러운 거야.

Phoeb : 다른 남자가 있나 보지.

Rach : (놀라면서) 뭐?

Mon : 정말? 다른 남자가 있는 거야?

Rach : (어이없어하면서) 아니, 아무도 없어.

Mon : 근데 왜 우리 오빠를 차 버리려는 거야?

* My **initial** plan was to read at least 10 books. : 원래 계획은 적어도 책 10권 읽는 거야.

* The **initial** reaction has been excellent. : 초기 대응은 훌륭했어.

* The **initials** of my name is IBB. : 내 이름 이니셜은 IBB야.

■ **왕초보 실력** 안 들키게 **빈칸** 잡아내기

1 I **missed** him.

(못 만났어.)

2 I **thought** about it **all** the way there,

(공항에 가면서, 계속 생각했는데)

3 **we'd** be like friends-in-law!

(우린 친구 사돈이 되는 거야!)

☆ **강의를 들으시면 좀 더 확실히 리스닝 연습을 하실 수 있습니다.** (강의 다운로드 받는 법 참조)

That's why + 결과 :

그래서 ~한 거예요 / ~ 거군요

1 That's why ~

1. 그래서 여기 온 거예요 ························ **That's why** I'm here.
2. 그래서 제가 당신을 좋아하는 거예요 ·········· **That's why** I like you.
3. 그래서 당신이 그렇게 피곤해 보이는 거군요 ·· **That's why** you look so tired.
4. 그래서 당신이 살찌는 거군요 ·················· **That's why** you are getting fat.
5. 그래서 제가 당신에게 묻고 싶은 거예요 ······ **That's why** I wanted to ask you.

[Monica and Rachel's / One week later. Monica is seated, Rachel comes out of her bedroom.]

Mon : Hey, great skirt! Birthday present?

Rach : Yeah.

Mon : Oh, from who?

Rach : From you. [1]I exchanged the blouse you ____ me.

Mon : Hey, doesn't Ross's flight get in in a couple hours? At gate 27–B?

Rach : Uh, yeah. Uh, Monica, y'know, honey, [2]____ been thinking about it ____ ____ decided this whole Ross thing, it's just not a good idea.

Mon : Oh, why?

Rach : Because, [3]I feel like I ____ just be going out with him. I would be going out with all of you. I can't go out with Ross. **That's because** it would be too much pressure.

Mon : No, no, no, no, no, no pressure, no pressure!

Rach : [4]Monica, nothing has even ____ yet, and you're already so…

Mon : I am not 'so'!

Rach : Who is it?

Intercom : It's me, Carl.

Rach : C'mon up.

Mon : Behind my brother's back?

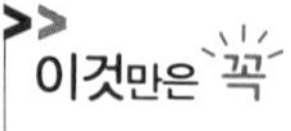

('yet'의 의미는?)

'yet'은 '아직 ~하지 않다'라는 의미에서 '아직'을 강조해 주는 부사의 의미를 가지고 있습니다. 회화상에서 많이 사용되는 표현이므로 꼭 알아 둡시다.

Mon : 스커트 예쁘다, 생일 선물이야?

Rach : 응.

Mon : 누가 준 건데?

Rach : 네가 산 블라우스랑 바꿨어.

Mon : 오빠가 탄 비행기가 곧 도착하지 않던가? 27B 게이트에?

Rach : 알아. Monica, 생각해 봤는데 Ross 문제는 이렇게 결론을 내렸어. 좋은 생각이 아닌 것 같아.

Mon : 아, 왜?

Rach : 그런 기분이 들어. Ross랑 사귀게 되면 너희 모두랑 사귀는 것 같을 거야. 이 문제는 그만 끝내려고. 그건 너무 부담스러울 거 같아서 그래.

Mon : 아니야, 아니야, 무슨 소리, 부담 갖지 마.

Rach : Monica, 우린 아직 아무 사이도 아닌데 너는 벌써.

Mon : 벌써 안 그럴게.

Rach : (초인종이 울리자) 누구세요?

Intercom : Carl이야.

Rach : 올라와요.

Mon : (놀라면서) 오빠 몰래 남자를 만나?

* He hasn't arrived **yet**. : 아직 그는 도착하지 않았어.

* I don't fully understand **yet**. : 아직 완전히 이해하지는 못했어.

* I'm not ready to have kids **yet**. : 아직 아이 가질 준비 안 됐어.

■ **왕초보 실력** 안 들키게 **빈칸** 잡아내기

1 I exchanged the blouse you **got** me.

(네가 산 블라우스랑 바꿨어.)

2 **I've** been thinking about it **and I've** decided this whole Ross thing,

(생각해 봤는데 Ross 문제는 이렇게 결론을 내렸어.)

3 I feel like I **wouldn't** just be going out with him.

(단지 그와 연애한다는 느낌이 안 들 거야.)

4 Monica, nothing has even **happened** yet, and you're already so…

(Monica, 우린 아직 아무 사이도 아닌데 너는 벌써.)

☆ 강의를 들으시면 좀 더 확실히 리스닝 연습을 하실 수 있습니다. (강의 다운로드 받는 법 참조)

That's because + 원인 :

그건 ~해서 그래요

1 That's because ~

1. 그건 당신이 게을러서 그래요 ······· **That's because** you are lazy.
2. 그건 당신이 저를 잘 몰라서 그래요 ·· **That's because** you don't know me.
3. 그건 제가 그냥 이해가 안 돼서 그래요 ······························ **That's because** I simply don't understand.
4. 그건 당신이 공부를 열심히 안 해서 그래요 ······························ **That's because** you didn't study hard.
5. 그건 당신이 돈을 많이 써서 그래요 ······························ **That's because** you spent a lot of money.

[Monica and Rachel's Balcony / Rachel is having drinks with her date, Carl.]

Carl : If I see one more picture of Ed Begley, Jr, I'm gonna shoot myself!

Ross : [1]I can't believe ____ ____ go out with him ____ me.

Rach : Would you excuse me, please? I'm trying to have a date here.

Ross : Fine, just stop thinking about me.

Rach : So I'm thinking about you. So what?

Ross : I don't get it. What do you see in this guy, anyway?

Rach : Well, he happens to be a very nice guy.

Carl : I mean, come on, buddy, get a real car!

Ross : Rachel, come on. Give us a chance.

Rach : Ross, it's too hard. you're like my best friend.

Ross : I know.

Rach : [2]If we ____ up, and I ____ you.

Ross : No. Look, you and I both know we are perfect for each other, right? I mean, so, the only question is, are you attracted to me?

Rach : I don't know. [3]I mean, I've never ____ ____ you that way before.

Ross : Well, start looking.

Rach : Right! You're right! **That's exactly what** I thought.

Carl : What?

Rach : I forgot I am supposed to pick up a friend at the airport. I am so sorry!

Carl : But.

>> 이것만은 꼭

('that way before'의 의미는?)

'전에 그런 방식으로는'이라는 의미로 문장에 따라 자연스럽게 해석해 주면 됩니다.

Carl : (괜히 흥분해서) 내가 만일 Ed Begley, Jr 사진을 더 보게 된다면 죽어 버릴 거예요.

Ross : (환영) 나보다 이 남자랑 데이트하는 게 왜 좋은지 모르겠어.

Rach : (마음속 독백) 비켜 줄래? 나 지금 데이트 중이잖아.

Ross : (환영) 그래. 그럼 내 생각 그만해.

Rach : (마음속 독백) 그래, 생각 좀 하는 게 어때서?

Ross : (환영) 이해가 안 돼. 이 사람 도대체 왜 만나는 거야?

Rach : (마음속 독백) 글쎄, 꽤 괜찮은 사람 같잖아.

Carl : (괜히 흥분해서) 그게 뭐야, 이 녀석아, 제대로 된 차를 끌고 다니라고!

Ross : (환영) Rachel, 제발, 우리에게 기회를 주자.

Rach : (마음속 독백) Ross, 너무 어려워. 넌 내 친한 친구잖아.

Ross : (환영) 알지.

Rach : (마음속 독백) 우리가 만일 헤어지면, 난 너를 잃는 거야.

Ross : (환영) 아니야. 보라고. 너랑 나는 둘 다 잘 어울려. 안 그래? 내가 궁금한 건, 네가 나에게 매력을 느끼나 하는 거야.

Rach : (마음속 독백) 잘 모르겠어. 전에는 널 그렇게 본 적이 없어서.

Ross : (환영) 그럼, 그렇게 보기 시작해 봐 이제. (Ross와 Rachel이 환영 속에서 키스한다.)

Rach : 맞아요, 당신 말이 맞아요! 그게 정확히 제가 생각한 거예요!

Carl : (놀라면서) 뭐가요?

Rach : 제가 근데. 제 친구 마중 나가러 공항 가야 하는 걸 깜빡했네요. 미안해요!

Carl : 저기. (Rachel은 공항으로 Ross를 마중하러 뛰쳐나간다)

* You never talked **that way before**. : 너 전에는 그렇게 말 안 했잖아.
* I've never felt **that way before**. : 전에는 그렇게 느낀 바가 없어.

■ **왕초보 실력** 안 들키게 **빈칸** 잡아내기

1 I can't believe **you'd rather** go out with him **than** me.

(나보다 이 남자랑 데이트하는 게 왜 좋은지 모르겠어.)

2 If we **broke** up, and I **lost** you.

(우리가 만일 헤어지면, 난 너를 잃는 거야.)

3 I mean, I've never **looked at** you that way before.

(전에는 널 그렇게 본 적이 없어서.)

☆ **강의를 들으시면 좀 더 확실히 리스닝 연습을 하실 수 있습니다.** (강의 다운로드 받는 법 참조)

That's exactly what ~ :

그게 정확히 제가 ~한 거예요

1 That's exactly what ~

1. 그게 정확히 제가 했던 거예요 ······· **That's exactly what** I did.
2. 그게 정확히 제가 하려던 거예요 ···· **That's exactly what** I want to do.
3. 그게 정확히 제가 막 말하려던 거예요 ··· **That's exactly what** I was just about to say.
4. 그게 정확히 제가 알고 싶었던 거예요 · **That's exactly what** I want to know.
5. 그게 정확히 제가 생각하던 거예요 ·· **That's exactly what** I was thinking.

1. 남은 거 있나요?

2. 더 필요하신 것이 있나요?

3. 틀림없이 실수가 있을 거예요.

4. 우리 사이에 오해가 있는 것 같아요.

5. 우리가 오늘 해야 할 일이 너무 많아요.

정답+
1. **Is there any** left?
2. **Is there anything** else you need?
3. **There must be** some mistake.
4. **There seems to be** some misunderstanding between us.
5. **There are so many** things we have to do today.

6. 더는 할 말이 전혀 없어요.

---

7. 걱정할 필요 없어요.

---

8. 그래서 제가 당신을 좋아하는 거예요.

---

9. 그건 당신이 게을러서 그래요.

---

10. 그게 정확히 제가 막 말하려던 거예요.

정답⁺
6. **There is nothing** more to say.
7. **There is no need to** worry.
8. **That's why** I like you.
9. **That's because** you are lazy.
10. **That's exactly what** I was just about to say.